Rogério de Simone e Fábio C. Pagotto

*Clássicos do Brasil*

# PASSAT

Copyright © 2012 Rogério de Simone e Fábio C. Pagotto.

Copyright desta edição © 2013 Alaúde Editorial Ltda.

Todos os direitos reservados. Nenhuma parte deste livro poderá ser reproduzida, de forma alguma, sem a permissão formal por escrito da editora e do autor, exceto as citações incorporadas em artigos de crítica ou resenhas.

*O texto deste livro foi fixado conforme o acordo ortográfico vigente no Brasil desde 1º de janeiro de 2009.*

PRODUÇÃO EDITORIAL:
Editora Alaúde

PREPARAÇÃO:
Andresa Medeiros

REVISÃO:
Olga Sérvulo, Marina Bernard

CONSULTORIA TÉCNICA:
Bob Sharp

IMAGEM DE CAPA:
Marcelo Resende e Bira Prado

IMPRESSÃO E ACABAMENTO:
Ipsis Gráfica e Editora S/A

1ª edição, 2013

Dados Internacionais de Catalogação na Publicação (CIP)
(Câmara Brasileira do Livro, SP, Brasil)

Simone, Rogério de
Passat / Rogério de Simone e Fábio C. Pagotto. São Paulo: Alaúde Editorial, 2013. (Série Clássicos do Brasil)

Bibliografia.

ISBN 978-85-7881-176-1

1. Automobilismo - História 2. Automóveis - Brasil 3. Passat (Automóveis) 4. Passat (Automóveis) - História I. Pagotto, Fábio C.. II. Título. III. Série.

13-00407                                                                                           CDD-629.22209

Índices para catálogo sistemático:
1. Passat : Automóveis : Tecnologia : História 629.22209

2013
Alaúde Editorial Ltda.
Rua Hildebrando Thomaz de Carvalho, 60
São Paulo, SP, 04012-120
Tel.: (11) 5572-9474 e 5579-6757
www.alaude.com.br

# SUMÁRIO

CAPÍTULO 1 – A origem ......................................................... 5

CAPÍTULO 2 – A chegada ao Brasil ..................................... 21

CAPÍTULO 3 – A evolução dos modelos .............................. 47

CAPÍTULO 4 – Dados técnicos ........................................... 107

Fontes de consulta ............................................................... 110

Crédito das imagens............................................................. 110

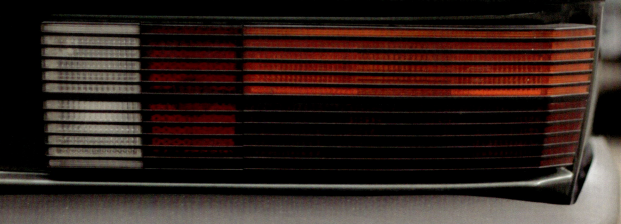

CAPÍTULO 1

# A ORIGEM

# REFRIGERADO A ÁGUA

O Volkswagen Passat foi criado na Alemanha no início da década de 1970, e, além de ser um importante lançamento, tornou-se um dos produtos mais marcantes da história da Volkswagen. Representou uma importante mudança para a empresa, tendo sido o primeiro carro de sucesso da marca refrigerado a água. Com isso, se aproximava mais dos concorrentes sob o ponto de vista tecnológico. Era, na ocasião do lançamento, um veículo moderno, que demonstrou ao público que a marca do "carro do povo" poderia produzir um automóvel seguro, econômico, confortável, veloz e atual, além dos já tradicionais Volkswagen refrigerados a ar, ainda herança do KDF-Wagen de Adolf Hitler, parcamente produzido desde pouco antes da Segunda Guerra Mundial até o término do conflito na Europa, em maio de 1945.

A história do Passat se entrelaça à de três empresas alemãs de sucesso: NSU, Audi e Volkswagen. A seguir, será apresentada brevemente a história de cada uma delas, essencial para a concepção do Passat.

## A NSU

Em 1873, era fundada a NSU, inicialmente uma fabricante de máquinas de tricô situada na cidade alemã de Riedlingen. No ano seguinte, a fábrica mudou-se para Neckarsulm e, alguns anos depois, em 1886, começou a produzir bicicletas para atender à grande demanda por esse tipo de veículo na época. As bicicletas saíam da linha de montagem com o nome Germania, já que a marca NSU – abreviação do nome da cidade Neckarsulm – ainda não era usada, o que só ocorreria em 1892, quando a fabricação de bicicletas substituiu completamente a fabricação de máquinas de tricô.

Percebendo a demanda crescente do mercado por veículos a motor, a empresa começou a mudar de rumo e deu início,

# A origem

em 1901, à produção de motocicletas, com um modelo de 1,5 cavalos de potência. Já em 1905, passou a fabricar automóveis e caminhões, atividade que durou até a década de 1920, retornando apenas no final dos anos 1940 – no período de hiato, a NSU sobreviveu com a fabricação apenas de motocicletas. Durante a Segunda Guerra Mundial, a NSU fabricou um estranho veículo militar, cuja frente assemelhava-se à de uma moto e cuja traseira lembrava a de um tanque de guerra.

Com o término da guerra, a Alemanha, assim como vários países europeus, viu seu parque industrial praticamente destruído. A fábrica da NSU em Neckarsulm havia sofrido muitos danos, mas não o suficiente para suspender a produção, permitindo que a empresa retomasse com força total a fabricação de bicicletas e motocicletas. Em 1946, um novo conselho havia sido nomeado, liderado pelo diretor-geral Walter Egon Niegtsch. Nesse pós-guerra, o modelo mais famoso foi o NSU Fox, em 1949, disponível com motores dois e quatro tempos.

Em 1951, o diretor de competições da NSU era Walter Froede, defensor dos motores rotativos. A NSU, então, iniciou contato com Felix Wankel, criador desse tipo de motor, que levava seu sobrenome.

A parceria logo resultou em uma moto NSU de 50 cm³, com um motor rotativo Wankel, cuja potência era de

13,5 cv (potência líquida, como todas neste livro). Essa pequena máquina registrou o recorde de velocidade em sua categoria: incríveis 193 km/h nos lagos salgados de Bonneville, no deserto de Great Salt Lake, na parte norte de Utah, nos Estados Unidos. A região, inclusive, é historicamente palco de quebra de recordes de velocidade sobre terra, principalmente por causa de sua topografia plana e lisa, resultado dos lagos pré-históricos que, com o passar dos séculos, se secaram. Atualmente, é uma grande área desértica com solo na cor branca, em razão da elevada concentração de sal.

Desde 1949, o local abriga um evento anual chamado Semana da Velocidade, durante o qual inúmeras tentativas de recordes são realizadas. Foi lá que, em 1970, o famoso carro-foguete Blue Flame ["chama azul", em inglês] atingiu incríveis 1.000 km/h, recorde que o fez entrar para a história do automobilismo.

A primeira motocicleta NSU, em 1901, usava o quadro de uma bicicleta e motor de 1,5 cv e 234 cm³, que podia chegar à velocidade máxima de 48 km/h.

NSU Fox 1949.

Wilhelm Herz, a bordo de sua NSU Streamliner totalmente carenada, atingiu incríveis 338 km/h em 4 de agosto de 1956; este recorde demorou muitos anos para ser superado.

O pequeno NSU Prinz marcou o retorno da NSU à fabricação de automóveis.

Em 1955, a NSU se tornaria a maior produtora mundial de motocicletas, um grande marco para a empresa. Também detinha quatro recordes de mundiais de velocidade: 1951, 1953, 1954 e 1955. Em agosto de 1956, Wilhelm Herz se tornou o primeiro homem a pilotar uma motocicleta a mais de 320 km/h, a bordo de uma NSU totalmente carenada, também no lago Bonneville.

O ano de 1958 marcou a volta à fabricação de automóveis, apresentando ao público o pequeno NSU Prinz ["príncipe", em alemão], que tinha a missão de concorrer com carros de tamanho reduzido que já eram sucesso no mercado alemão e europeu em geral, como o Volkswagen Sedan (conhecido aqui como Fusca, seu nome oficial a partir de 1983), o Renault 4 CV, o Citroën 2 CV, entre outros.

O Prinz media 3,14 m de comprimento, pesava apenas 510 kg e, diferentemente do que se pensava, não era equipado com motor rotativo, e sim com o tradicional, com cilindros, biela e virabrequim. O motor chamava-se Ultramax e possuía dois cilindros com refrigeração a ar. A carcaça era única para o motor e a transmissão, tecnologia herdada e desenvolvida nas motocicletas. O pequeno motor deslocava 583 cm³ e rendia 24 cv a 4.600 rpm, o suficiente para levá-lo a uma velocidade máxima em torno de 100 km/h. O câmbio tinha quatro marchas à frente, com a primeira não sincronizada, e a tração era nas rodas traseiras.

O primeiro teste com um carro de motor Wankel ocorreu em 1960, e no mesmo ano foi apresentada uma versão preliminar chamada Spider, derivação do modelo Sport Prinz. Dessa forma, Wankel convenceu a todos na empresa acerca da viabilidade do motor rotativo.

Em 1962, nove empresas assinaram contratos de licença da tecnologia Wankel, pagando mais de 15.000 marcos alemães pelas licenças. Entre elas, a Toyo-Kogyo Co., no Japão (hoje Mazda Corporation), a Curtiss-Wright (motores de aviação), a Mercedes-Benz (motores Diesel), a Krupp, a MAN, a Rolls-Royce, a General Motors e a Ford.

O Spider finalmente chegou ao Salão de Frankfurt de 1963. O primeiro automó-

# A origem

vel do mundo com motor Wankel era um conversível de pequeno porte, com 3,58 m de comprimento e 700 kg. O motor de um só rotor de 497 cm³ desenvolvia potência de 50 cv a 5.000 rpm (mais tarde, 54 cv a 6.000 rpm) e torque de 7,8 kgfm a 3.500 rpm, com montagem na parte inferior do porta-malas traseiro. A velocidade máxima girava em torno dos 150 km/h.

Versões preparadas do NSU, com cerca de 65 cv, foram bem-sucedidas em ralis e provas de subida de montanha. Uma delas, a de Siegfried Spiess, atingia espantosos 100 cv a 11.000 rpm e exigia protetores nos ouvidos, tão ruidoso era o motor. Durante três anos, 2.375 unidades foram produzidas, e ainda hoje há clubes especializados no conversível pela Europa.

Mas a criação mais audaciosa ocorreu em 1967, com o lançamento do NSU Ro 80: um sedã médio avançado e aerodinâmico, vencedor do prêmio Carro do Ano europeu. Era ágil, aerodinâmico e moderno, com grande procura nas revendas.

O carro surpreendeu. As linhas eram modernas, arredondadas e elegantes, com frente baixa e ampla área envidraçada. Não é difícil perceber semelhanças com os Audis de décadas seguintes. Ele trazia a já cobiçada tração dianteira, câmbio semiautomático de três marchas com conversor de torque, suspensão independente e freios a disco nas quatro rodas,

com duplo circuito. A distância entre eixos era grande, 2,86 m para um comprimento total de 4,78 m. Dotado de boa estabilidade, o carro podia ser usado de maneira esportiva, o que era um grande apelo de vendas.

O motor contava com dois rotores de 497 cm³ cada, que equivaliam a quase 1.800 cm³, para efeito de comparação com moto-

NSU-Spider, o primeiro automóvel no mundo equipado com motor rotativo.

NSU Ro 80, equipado com motor rotativo: um carro avançado, mas com problemas de confiabilidade, razão pela qual as vendas não emplacaram.

O K70 foi criado para substituir o fracassado Ro 80, mas a NSU foi vendida para a Volkswagen. O carro foi lançado com o emblema da marca, o primeiro carro da empresa com motor refrigerado a água e considerado o precursor do Passat.

res a pistão. Desenvolvia 115 cv líquidos a 5.500 rpm. Seu peso de 1.340 kg era um tanto elevado, mas o motor potente dava conta do recado. Um verdadeiro esportivo, sua velocidade máxima era de 180 km/h e acelerava de 0 a 100 km/h em 12,8 s.

Mas nem tudo era alegria, já que vários problemas de confiabilidade ajudaram a acabar com o Ro 80. O motor Wankel consumia muito combustível e apresentava desgaste prematuro da vedação dos vértices dos rotores, o que gerava perdas graduais de potência, exigindo ampla reforma do motor em intervalos de apenas 50.000 km, enquanto o motor tradicional a pistão chegava a rodar até 200.000 km sem necessidade de retífica. As constantes paradas na oficina arruinaram sua reputação e a da fábrica.

As fracas vendas do Ro 80 forçaram a fábrica a rever seus conceitos e, ainda no final dos anos 1960, ela começou a trabalhar num novo carro, o NSU K70. Desta vez, era equipado com motor tradicional a pistão de movimento recíproco instalado na frente e tração dianteira, e tinha lançamento previsto para o final de 1969.

No mesmo ano, a NSU foi absorvida pelo grupo Volkswagen, que não mais se interessou pelo motor rotativo. Pressões financeiras e o conservadorismo do grupo levaram ao arquivamento do projeto, e a fábrica do Ro 80 foi convertida para fabricação do Porsche 924. A unidade da NSU em Neckarsulm é hoje um dos maiores museus de motocicletas do mundo. Felix Wankel, por sua vez, faleceria em 9 de outubro de 1988.

Era o fim para os carros NSU com motor rotativo, mas essa tecnologia sobreviveria até os nossos dias pelas mãos da japonesa Mazda, precisamente até junho de 2012, quando o único modelo da marca com motor rotativo, o cupê esportivo RX-8, deixou de ser produzido.

O NSU K70 já estava praticamente pronto, e a Volkswagen decidiu lançá-lo em 1970 como se fosse um carro de sua marca. Foi o primeiro carro da fábrica refrigerado a água, um fato importante para a história do Passat.

A origem                                                                                                11

# A VOLKSWAGEN

A Volkswagen pode ser considerada uma das empresas automobilísticas mais importantes de todos os tempos. Sua história é tão complexa, interessante e, de certa forma, polêmica que motivou bons livros dedicados a esse tema. Aqui, será apresentado um pequeno resumo para que sejam entendidas as origens do Volkswagen Passat.

O nome Volkswagen (expressão que significa "carro do povo", em alemão) nasceu nos anos 1930 e seu filtro mais ilustre foi o sedã em forma de besouro desenhado por Ferdinand Porsche, carro que seria chamado de Fusca no Brasil e de vários outros nomes mundo afora. Por questão de precisão histórica, é preciso saber que "Volkswagen" ainda não era a marca de carro, mas o nome de uma filosofia de veículo popular, tanto que existiram na Alemanha carros como Standard Volkswagen, Opel Volkswagen e até Ford Volkswagen. O nome verdadeiro do besouro era KdF-Wagen e só quando a guerra terminou e os oficiais do exército britânico, coronel Charles Radclyffe e major Ivan Hirst, passaram a dirigir a fábrica, foi que a expressão Volkswagen se transformou em marca.

Em 1936, foi apresentado o primeiro protótipo do "Volkswagen", cuja mecânica também diferia dos padrões vigentes à época, ou seja, tinha motor refrigerado a ar e suspensão independente nas quatro rodas por barra de torção. Considerado um veículo estranho e de má aparência, quase ninguém poderia acreditar que ali nasceria um dos maiores fenômenos de vendas da história automobilística mundial.

O sedã sempre foi um sucesso de vendas na Alemanha, tendo sido aprimorado a cada ano. Em 1950, a Volkswagen lançou um novo veículo com a mesma mecânica, o furgão Transporter, também chamado de Tipo 2 (o Fusca era o Tipo 1), um veículo de carga que também foi muito bem-aceito no mercado de diversos países, principalmente depois que passou a ser produzido em versão de passageiros, chamado Kombi e fabricado até os dias de hoje no Brasil.

O sedã que foi um dos maiores fenômenos de venda do mundo ficaria conhecido no Brasil como Fusca; na foto, um modelo de 1946.

Lançada em 1950, a Kombi foi o segundo grande sucesso da Volkswagen.

Karmann-Ghia, considerado um dos mais belos projetos de toda a história do automóvel.

Em 1955, chegou outra novidade que abalaria o mercado alemão. Usando a mesma base mecânica do Fusca, a Volkswagen lançou um cupê esportivo chamado Karmann-Ghia (Tipo 14), que logo se tornaria um carro altamente desejado durante quase duas décadas, não só na Europa como no resto do mundo. No Brasil sua história de sucesso ocorreu entre os anos de 1962 e 1971.

Todos os veículos lançados pela Volkswagen foram um sucesso de vendas e, em razão disso, a fábrica decidiu expandir sua linha de produtos no final dos anos 1950, produzindo carros maiores, mais potentes e destinados a um público mais exigente – e de olho também no mercado americano, acostumado a carros enormes.

Nascia, assim, em 1961, o Tipo 3, inicialmente em duas versões: o sedã três-volumes e a perua Variant. A mecânica seguia o mesmo padrão dos carros da marca, só que dessa vez o motor era mais forte, 1.500 cm³ (mais precisamente, 1.493 cm³), 44 cv, podendo atingir velocidade máxima em torno de 130 km/h.

Em 1965, ganharam motor de 1.584 cm³ (o famoso 1600) e uma nova versão foi apresentada, a carroceria fastback, cujo nome era TL, lançado aqui em 1971.

Esses veículos também vieram para o Brasil em 1969. O três-volumes foi chamado de Volkswagen 1600 quatro-portas – apelidado de "Zé do Caixão" –; já a Variant teve o mesmo nome da alemã. O estilo era um pouco diferente dos carros da matriz, como será visto adiante.

Ainda em 1965, a Volkswagen adquiriu as ações da Auto Union, tornando-se dona da marca DKW. Decidiu, também, retornar com a marca Audi, que andava esquecida desde a Segunda Guerra Mundial.

O ano de 1968 foi de evolução do Tipo 3, que passou a ser chamado de Tipo 4, ou linha 411, e apresentava várias inovações: frente e traseira novas, carroceria maior e, pela primeira vez num automóvel Volkswagen, construção unitária, ou

A linha Tipo 3 reuniu os primeiros Volkswagen de passeio de tamanho maior; na foto, a Variant.

# A origem

monobloco – substituindo a antiga, em que a carroceria era aparafusada ao chassi.

As versões eram Variant e TL, ambas com opções de duas e quatro portas. Internamente, os 411 ganharam mais espaço e muito mais luxo, acima do habitual para um Volkswagen. Havia uma boa oferta de opcionais, além de aquecimento interno que funcionava mesmo com o motor desligado.

A mecânica também apresentou novidades, como embreagem de comando hidráulico e suspensão com molas helicoidais, em substituição à antiga, com barras de torção. A estabilidade melhoraria bastante e a velocidade máxima chegaria a 145 km/h.

Como já foi dito, em 1969 a Volkswagen adquiriu a NSU, que seria importante para a criação do Passat.

Em 1972, foi lançada a linha 412, que era uma inovação da linha 411, com algumas mudanças visuais, principalmente na frente, semelhante à dos modelos brasileiros daquele ano. O motor aumentou para 1.975 cm³ com potência de 85 cv, podendo atingir velocidades de até 160 km/h.

Apesar de serem bons carros, as linhas 411 e 412 não emplacaram nas vendas. A Volkswagen pagava o preço por insistir no velho motor refrigerado a ar, que levava desvantagem em relação à concorrência, que contava com sistemas mais modernos de motor na frente, refrigerado a água, principalmente em relação ao desempenho e ao consumo. Crítica, a imprensa acusava a empresa de não enxergar os novos rumos do mundo automobilístico.

A Volkswagen percebeu o erro e mudou seu foco para o motor dianteiro refrigerado a água. O último 412 saiu da linha de montagem em 1974. Com isso, a "era ar" estava praticamente terminando na Alemanha. O Fusca duraria mais quatro anos e o motor do 412 equiparia a Kombi até 1983.

A linha 411 tinha bons carros, mas as vendas foram prejudicadas pelo antiquado motor refrigerado a ar. Na foto, o TL.

## A AUDI

Em 1903, um dos mais respeitados engenheiros da história do automóvel, August Horch, fundou a A. Horch & Cie, na cidade de Colônia, na região da Saxônia, onde passou a produzir motores de 5 cv e 10 cv de dois cilindros, considerados os mais eficientes da época. Nesse ano, a Horch foi transferida para Zwickau, que viria a ficar na Alemanha Oriental após a Segunda Guerra Mundial, e começou a fabricar motores de 2,6 litros e 40 cv, que faziam grande sucesso em corridas.

August Horch, fundador da Audi.

_Clássicos do Brasil_

A Auto Union era a junção das fábricas Audi, DKW, Horch e Wanderer.

Horch era um engenheiro altamente competente, mas com poucas habilidades políticas e comerciais. Isso contribuiu para um cenário de brigas com seus sócios, o que o forçou a, bastante chateado, abandonar sua fábrica em 1909. Alguns meses depois, fundou uma nova fábrica, a August Horch Automobilwerke GmbH. Contudo, o uso da marca Horch foi contestado por seus antigos colaboradores, que o processaram e ganharam a causa e a exclusividade de uso da marca. Diante dessa decisão judicial, Horch mudou o nome da empresa para Audi. Uma ideia genial, já que _horch_ é o correspondente alemão para o verbo "ouça" – o mesmo significado de _audi_, em latim.

A Audi priorizou carros esportivos em sua fabricação, forçando a Horch a migrar para a fabricação de veículos de luxo. Durante a Primeira Guerra Mundial, a Audi blindava seus carros e os equipava com metralhadora, lança-minas e granadas. Em 1920, Horch saiu de maneira amigável da direção da empresa para poder exercer um cargo no governo, mas permaneceu no conselho diretor.

No final dos anos 1920, as indústrias automobilísticas da Saxônia se encontravam numa situação financeira muito desfavorável. Por uma questão de sobrevivência, acordou-se em agrupar todas as indústrias de automóvel da região, nascendo em 1932 a Auto Union AG, que era a fusão de quatro empresas: Horch, Audi, Wanderer e DKW. Cada fábrica era representada por uma das argolas entrelaçadas que compunham o logotipo da Auto Union, usado até hoje nos carros Audi.

A ideia era formar um grupo automobilístico nos moldes da gigante General Motors americana, com produtos que abrangessem todas as camadas do mercado. Os Horch eram carros mais caros e sofisticados, concorrentes diretos dos Mercedes-Benz, ao passo que os Audi e Wanderer destinavam-se à classe média, e os DKW respondiam pelas versões mais populares.

Nos anos seguintes, a Auto Union priorizou a fabricação dos veículos da DKW, enquanto as outras marcas foram praticamente esquecidas. O nome Audi retornaria apenas em 1965, ocasião em que a Auto Union foi adquirida pela Volkswagen. Era a alcunha pela qual era chamado o primeiro veículo, um sedã de quatro portas, tração dianteira, motor de 1.700 cm$^3$ quatro tempos e 72 cv. Esse novo carro teve forte inspiração no DKW F 102. Logo foram lançados novos modelos identificados pela potência do motor: Audi L (72 cv), 60, 75, 80 e Super 90, além da versão perua chamada Avant.

Em 1969, como vimos, foi a vez de a NSU se juntar ao grupo Volkswagen, no mesmo ano em que a Audi lançou um carro que se revelaria muito importante para

# A origem

os brasileiros – o Audi 80, base para os Passat alemão e nacional. Sua plataforma era conhecida como B1 e daria origem a versões três-volumes de duas e quatro portas (Audi 80), à carroceria fastback de duas, três, quatro e cinco portas (Volkswagen Passat) e à perua de cinco portas Variant. No Brasil, foi fabricado o Passat nas versões fastback de duas, três e quatro portas. Já as versões cinco-portas, três-volumes e perua de quatro portas não chegaram a ser produzidas por aqui. Percebe-se que a Audi se baseou no projeto K70 da NSU para criar seu carro, já que ambos possuíam motor e tração dianteiros e arrefecimento a água. Nesse mesmo ano, a Audi lançaria um sedã de maior porte chamado Audi 100.

O motor do Audi 80 era de quatro cilindros em linha, com comando de válvulas no cabeçote, tinha versões de 1.300 cm³ (55 cv), 1.500 cm³ (75 cv) e, algum tempo depois, o 1.600 cm³ de 85 cv. Ainda que as duas últimas motorizações fossem as mesmas que equiparam o Passat brasileiro, o nosso tinha menos potência por conta da menor taxa de compressão, resultado da baixa octanagem da gasolina brasileira.

A primeira reestilização do Audi 80 ocorreu em 1976, com a frente ganhando faróis quadrados com as luzes de direção ao lado. Essa mudança não foi acompanhada pelo Passat alemão, mas sim na linha 1979, na ocasião da primeira reestilização do Passat brasileiro, como será visto adiante.

A primeira mudança radical de carroceria ocorreu em 1978 e deu origem ao que passou a se chamar "segunda geração" (plataforma B2), com tamanho maior, parecido com o nosso Santana. A história de sucesso do Audi 80 durou até 1994, passando por várias reestilizações e com uma enorme gama de modelos e motores, inclusive um cinco cilindros em 1982 e um V-6 com as bancadas de cilindros dispostos em ângulo bem estreito, 15º, em 1991.

Audi 80, que serviu de base para o futuro lançamento do Passat.

A frente do Audi 80 1976 foi utilizada no Passat brasileiro a partir de 1979.

## O PASSAT

Como mencionado, a Volkswagen perdia mercado com a insistência em produzir veículos com o tradicional motor refrigerado a ar instalado na traseira, muito defasado em relação à concorrência. A linha 412 não vendia bem, apesar de ser composta por bons carros. O fato de a empresa ter adquirido na década de 1960 a Auto Union e a NSU foi primordial para a Volkswagen na mudança radical em seus produtos.

A tração nas rodas dianteiras já era usada nos carros da DKW, que dominavam amplamente essa tecnologia. A Audi se aproveitou disso e lançou seu primeiro carro pós-guerra, que nada mais era que o DKW F102 com motor quatro-tempos (o DKW era famoso pelo motor dois-tempos). Já a NSU estava adiantada nos estudos de um veículo com motor convencional para substituir o Ro 80, que encontrava vários problemas no mercado com o seu rotativo. Como mencionado, o carro era o NSU K70, que estava praticamente pronto para ser lançado em 1969. Isso foi providencial para a Volkswagen, que só teve o trabalho de colocar seu emblema na grade do radiador. Nascia, em 1970, o primeiro veículo Volkswagen com motor refrigerado a água.

O K70 era um sedã três-volumes com uma grande área envidraçada e um estilo completamente novo para a marca. A mecânica seguia o que havia de mais moderno, e que já era utilizado por várias marcas europeias, ou seja, motor e tração dianteiros. O motor era um quatro cilindros em linha, 1.605 cm³, cuja potência era de 70 cv, e podia atingir a boa velocidade máxima de até 145 km/h.

Durante algum tempo, foram fabricados juntos dentro do grupo o Audi 80 e o K70, uma versão mais sofisticada e uma mais barata, respectivamente. Com o sucesso do Audi 80 no mercado alemão, a Volkswagen decidiu oferecer

Passat alemão, idêntico ao que seria lançado no Brasil no ano seguinte.

# A origem

um modelo semelhante com seu próprio logotipo. O desenho foi obra do famoso estilista Giorgetto Giugiaro, que aproveitou a forma já existente do Audi 80 e criou uma nova e aerodinâmica traseira, ao estilo fastback. Nasceu, assim, o Passat, lançado em maio de 1973.

O nome Passat refere-se a um vento europeu, tradição depois seguida por outros modelos da marca, como Santana, Scirocco, Corrado, Bora e Vento. Identificado como Tipo 32 e fazendo uso da plataforma B, o Passat é um dos mais importantes carros de toda a história da marca Volkswagen. O automóvel era oferecido em quatro versões com a mesma carroceria: de duas e quatro portas, com a tampa do porta-malas menor, e de três e cinco portas, em que a tampa traseira levava junto o vidro traseiro – pelo seu tamanho, a tampa era considerada uma porta traseira. O carro apresentava uma boa área envidraçada, muito admirada na época. Os para-choques eram simples, com as luzes direcionais dianteiras embutidas, e com três opções de faróis: dois retangulares, dois circulares ou quatro circulares menores, conforme a versão.

Para os padrões europeus, o carro era considerado de tamanho médio, com

A primeira reestilização do Passat não chegou ao Brasil.

4,19 m de comprimento. A mecânica seguia o que havia de mais moderno: motor e tração na dianteira. O motor era longitudinal, mas nas gerações seguintes seria substituído pelo transversal, uma instalação mais eficiente e moderna. Havia dois motores disponíveis, de 1.300 cm³ e 1.500 cm³, ambos com comando de válvulas no cabeçote e potência de 75 cv e 85 cv, respectivamente.

Em 1974, uma nova versão, que nunca chegou a ser produzida no Brasil. Era uma perua de quatro portas e seu nome mantinha uma denominação já tradicional na marca: Variant.

No final desse mesmo ano, a Volkswagen deixou de fabricar o K70, cujas vendas estavam abaixo do esperado, principalmente em razão dos fortes concorrentes na categoria. Na Alemanha, havia o Audi 80 (do mesmo grupo), o Ford Taunus e o Opel Rekord. Na França, ele enfrentava diretamente o Citroën GS, o Peugeot 504, o Chrysler 180 e o Renault 16; na Itália, o Fiat 132 e o Lancia Fulvia; e, finalmente, na Inglaterra, o Morris Marina e o Sunbeam Sceptre. Até na própria Volkswagen havia concorrência, já que a linha 412 ficou em produção até 1974, atrapalhando um pouco as vendas do K70. Mas o carro cumpriria sua nobre missão – abrir caminho para o enorme sucesso do Passat.

Em 1977, o Passat foi reestilizado pela primeira vez, ganhando para-choques de plástico com as luzes de direção nos cantos dos para-lamas, quatro faróis redondos e evoluções no interior.

Em 1978, a Volkswagen começou a oferecer a opção de motor a diesel, de 1.500 cm³ e 50 cv, que anteriormente já era usado no Golf. No ano seguinte, foi apresentado o primeiro motor da linha com injeção eletrônica, identificado pela sigla GLi. O sucesso do Passat refletiu-se nos números, já que, em abril de 1980, a empresa atingiu a marca de 2 milhões de unidades vendidas.

# A origem

Em novembro do mesmo ano, o público pôde conhecer o Passat totalmente reformulado, com carroceria consideravelmente maior (4,43 m de comprimento) e agora chamada de plataforma B2. Era oferecido como hatch de três e cinco portas, sempre com o vidro conjugado à tampa do porta-malas, além da versão perua (Variant). Houve, ainda, outras mudanças radicais no carro: a lanterna traseira foi reposicionada para a posição vertical e a frente foi remodelada, sempre com faróis retangulares. Algumas versões vinham com faróis de neblina no lado interno.

Havia uma enorme opção de motores – 1.300, 1.500, 1.600, 1.800 e 2.000 cm³ –, todos de quatro cilindros a gasolina, mais os 1.600 e 1.800-cm³ a diesel. A maior novidade foi o novo motor de cinco cilindros em linha, que já era usado pela Audi e compartilhava vários componentes com os 1.800-cm³ de quatro cilindros. Pela primeira vez a Volkswagen oferecia o câmbio de cinco marchas como opcional.

Até então, a Audi e a Volkswagen haviam acordado que, quando utilizassem a mesma plataforma, a última ficaria com o formato fastback, enquanto a Audi exploraria a carroceria três-volumes. Mas a partir de 1982 essa divisão de formatos deixou de existir, já que foi apresentado pela primeira vez um Passat sedã três-volumes, chamado de Passat Santana.

A plataforma B2 não chegou a ser usada no Brasil como Passat, mas sim como Santana, em 1984, inaugurando no Brasil uma nova fase da Volkswagen, que pela primeira vez oferecia no mercado nacional um carro grande e de luxo. Por aqui, durante alguns anos, o Passat e o Santana, respectivamente, com a antiga plataforma B1 e com a nova plataforma B2, eram fabricados juntos, mas como carros diferentes. Isso ocorreu até 1988, quando o Passat nacional deixou de ser fabricado.

O Passat foi totalmente reformulado no fim de 1978, mas o Brasil só veria a versão três--volumes em 1984, que recebeu o nome Santana.

CAPÍTULO 2

# A CHEGADA AO BRASIL

# A VOLKSWAGEN NO BRASIL

A história da Volkswagen no Brasil começou em 1950, por meio de uma empresa independente chamada Brasmotor (hoje Multibrás), fundada em 1945 por empresários bolivianos que atuavam no meio econômico e financeiro da capital paulista.

A Brasmotor foi criada para atender ao público consumidor da época, ansioso por novos produtos industrializados, escassos desde a Segunda Guerra Mundial. Havia uma grande necessidade de satisfazer a demanda interna reprimida durante as severas condições impostas pelo conflito, e o Brasil retomava aos poucos o caminho do crescimento. A produção da maioria dos produtos industrializados no período da guerra havia sido suspensa – máquinas, eletrodomésticos e automóveis –, tudo em nome do chamado "esforço de guerra" das nações aliadas.

Em 1950, a população brasileira ainda era majoritariamente rural. Assim, a principal fonte de renda do país era a exportação de produtos agrícolas, principalmente açúcar e café. Os outros produtos de consumo eram quase todos importados, dado o baixo número de indústrias nacionais. Assim, o período do pós-guerra pareceu ser uma grande oportunidade de bons negócios, cenário que justificou a criação da Brasmotor. Estavam em seus planos a importação e a comercialização de vários produtos, como veículos motorizados em geral (desde motocicleta até aviões), além de vários outros produtos carentes em nosso mercado, como rádios, refrigeradores, televisores (a televisão era recém-chegada ao Brasil) e artigos elétricos dos mais variados. As mercadorias eram expostas na loja e salão de exposições da própria empresa, chamada de Sabrico e instalada na rua Barão de Ladário, no bairro paulistano do Brás.

Durante a guerra, a frota de automóveis no Brasil estava defasada e sucateada. Nas ruas e estradas rodavam, em sua maioria, automóveis americanos das décadas de 1930 e 1940, revelando um promissor mercado no qual a Brasmotor decidiu investir de forma maciça.

Naquele período, a cidade de São Paulo tinha quase 2 milhões de habitantes, e as

# A chegada ao Brasil

chaminés das fábricas dividiam o cenário urbano com os primeiros arranha-céus. O paulistano se orgulhava de morar na capital brasileira com maior crescimento, na qual estavam instaladas muitas das novas e também das antigas fábricas. Foi essa a cidade escolhida pela Brasmotor para servir de localização para a sua primeira linha de montagem dos automóveis, aproveitando os galpões do Brás. Em 1946, a Brasmotor vendeu os primeiros veículos fruto de um acordo com a Chrysler Corporation americana.

Os primeiros carros vieram prontos dos Estados Unidos, e depois pelo sistema CKD (Completely Knocked Down, ou "completamente desmontados"), para serem montados no Brasil, assim como já ocorria com as filiais brasileiras das americanas Ford e General Motors desde a década de 1920. Os veículos também eram comercializados pela Sabrico, nome que futuramente ficaria famoso como uma das maiores concessionárias da Volkswagen do Brasil.

Em 1946, sempre com o apoio da Chrysler Corporation, a Brasmotor adquiriu um terreno de 100.000 m² em São Bernardo do Campo, na região da Grande São Paulo, com o intuito de incrementar e aumentar a produção para atender à demanda do mercado. A inauguração do novo galpão, chamado de Fábrica 1, ocorreu em 17 de julho de 1949, e saíram dele veículos Dodge, DeSoto, Plymouth e Fargo, todos produtos da Chrysler Corporation. Tal inauguração deu à Brasmotor o título de primeira montadora de veículos instalada no município e ajudou a transformar a região, que juntamente com os municípios vizinhos, Santo André e São Caetano do Sul, é conhecida como ABC, no maior parque industrial automobilístico do Brasil. Posteriormente, a região ficou conhecida como "a Detroit brasileira", uma comparação com a cidade de maior concentração de indústrias automobilísticas nos Estados Unidos.

Os negócios iam muito bem, "de vento em popa", para usar uma expressão da época. Bem-aceitos no mercado, os veículos ofereciam qualidade, conforto e desempenho, eram confiáveis e duráveis, resultando em bons lucros à Brasmotor. Contudo, o cenário mudou em 1950, quando a Chrysler americana enfrentou dificuldades decor-

Um dos primeiros Volkswagen Sedan vendidos pela Sabrico.

rentes das greves dos trabalhadores em Detroit, o que comprometeu seriamente a produção e as exportações para o Brasil. Assim, a produção nacional tornou-se inconstante, agravada por uma política cambial nacional instável, que ora estimulava, ora restringia as importações.

Obrigada a diversificar seus negócios, a partir daquele ano a Brasmotor fechou um acordo com a Volkswagen alemã e passou a ter direitos exclusivos de distribuição da marca no Brasil. Os primeiros veículos foram importados prontos e vendidos pela empresa em todo o Brasil.

Em fevereiro de 1951, iniciou-se a montagem desses veículos aqui, no regime CKD, e então o Fusca e a Kombi dividiram as linhas de montagem com os veículos da Chrysler durante certo tempo. A situação era no mínimo curiosa: veículos americanos do pós-guerra dividindo a fábrica com modelos populares europeus.

Como estavam acostumados com os velhos (e alguns recentes) carrões americanos, os consumidores brasileiros ficaram inseguros quanto a novos e desconhecidos produtos europeus, deixando incerta qual seria a aceitação do Volkswagen por aqui. Mas o sucesso foi imediato, e a aceitação positiva do público surpreendeu. O pequeno "carro do povo" transformou-se em um fenômeno mundial, o que de certa forma foi inexplicável por tratar-se de um produto encomendado, apoiado e financiado por ninguém menos que Adolf Hitler! Mas, como veríamos, o pequeno e carismático veículo conquistou o mundo. Começava aí a bela história de sucesso da Volkswagen no Brasil, que dura até os dias de hoje.

No entanto, o casamento entre a fabricante alemã e a Brasmotor durou somente até meados de 1953, quando a Volkswagen decidiu abrir uma filial no Brasil e montar ela mesma os carros, com a ideia de produzi-los em médio prazo...

Em 1953, a Volkswagen alemã era presidida por Heinrich "Heinz" Nordhoff, conhecido por ser um dos principais responsáveis pelo renascimento da empresa após a Segunda Guerra Mundial. Mas o maior incentivador em trazer a Volkswagen para o Brasil foi outro executivo, Friedrich Wilhelm Schultz-Wenk, que viu neste país alegre e tropical um grande potencial de crescimento, principalmente em razão do plano de industrialização iniciado pelo então presidente da República, Getúlio Dornelles Vargas.

Após o suicídio de Vargas em agosto de 1954, seguiu-se um período de grande instabilidade política, até que Juscelino Kubitschek de Oliveira foi eleito presidente em 1955 e governou o Brasil de 1956 a 1961. JK foi um dos maiores responsáveis pela industrialização do Brasil ao criar o Plano Nacional de Desenvolvimento, também chamado "Plano de Metas", cujo célebre lema visava crescimento de "50 anos

# A chegada ao Brasil

em 5" para a nação. Tal plano pretendia estimular a diversificação e o crescimento da economia brasileira, baseado principalmente na expansão industrial.

No final de 1952, Schultz-Wenk já havia feito algumas viagens à América do Sul para escolher qual país teria maior potencial em receber uma fábrica da Volkswagen. A escolha ficou entre dois países, Brasil e Argentina, mas a decisão não foi muito difícil, pois Schultz-Wenk logo se apaixonou por nossas terras e percebeu nelas um maior mercado consumidor. O próximo passo seria convencer Nordhoff, o que também não foi muito difícil.

Sob o comando de Schultz-Wenk, a Volkswagen do Brasil foi fundada em 23 de março de 1953, em um armazém alugado no bairro do Ipiranga, em São Paulo, com um investimento de 60 milhões de cruzeiros – algo em torno de 25 milhões de reais. Em suas instalações era realizada apenas a montagem do Sedã e da Kombi, ainda com componentes importados da Alemanha. Durante alguns meses, tanto a Brasmotor quanto a Volkswagen montaram e comercializaram os carros, até a primeira abandonar de vez o negócio, focando seus esforços nos aparelhos eletrodomésticos – futuramente, fabricaria uma das marcas de refrigerador mais famosas do Brasil, a Brastemp.

Com o sucesso dos carros no mercado brasileiro, a empresa decidiu se expandir,

adquirindo um terreno no km 23,5 da Via Anchieta, em São Bernardo do Campo, e, em 1956, iniciou-se a construção da fábrica Volkswagen, que existe até os dias de hoje. Vale lembrar que o Brasil foi o primeiro país do mundo a receber uma fábrica da Volkswagen fora da Alemanha.

Com a fábrica ainda em construção, o dia 2 de setembro de 1957 tornou-se uma data histórica – saía da linha de montagem o primeiro veículo Volkswagen *made in Brazil*, que, por exigência da matriz alemã, foi a perua Kombi, com 50% de componentes nacionais. O nome Kombi era a abreviação da enorme palavra alemã *Kombinationfahrzeug*

À esquerda: galpão no bairro do Ipiranga, na capital paulista, primeira sede da Volkswagen do Brasil. À direita: fábrica de São Bernardo do Campo em 1957, ainda em construção.

A primeira Kombi sai da linha de montagem em setembro de 1957.

À direita: em janeiro de 1959, os primeiros Sedan 1200 saem da fábrica. À esquerda: a bordo de um sedã conversível, o presidente Juscelino Kubitschek passeia pela fábrica no dia da inauguração, em novembro de 1959.

(combinação de veículo de transporte de carga e de passageiros). A perua está em produção até hoje, com o mesmo conceito de projeto e fabricada no mesmo local!

A inauguração oficial da fábrica ocorreu no dia 19 novembro de 1959, num evento de grande importância nacional amplamente divulgado pela imprensa da época. A cerimônia contou com a presença do presidente da República Juscelino Kubitschek e do diretor-superintendente da Volkswagen mundial, Heinz Nordhoff.

No mesmo ano, em 3 de janeiro – antes, portanto, da inauguração oficial da fábrica –, celebrou-se o principal lançamento da Volkswagen no país, o Sedan 1200 (o nosso querido Fusca levaria 24 anos para ser chamado oficialmente por esse nome), com 54% de nacionalização. Ele logo se tornou paixão nacional e futuramente se mostraria muito popular no Brasil, como evidencia o bordão pelo qual era conhecido, bem ao estilo irreverente do brasileiro: "Fusca é como bunda, todo mundo tem...".

## A CRIAÇÃO DO KARMANN-GHIA

O início dos anos 1960 foi um período de grande desenvolvimento no país, e a Volkswagen teve certa importância neste processo. Para se ter uma ideia, em 1962 a empresa já trabalhava com aproximadamente 700 fornecedores nacionais. Nesse mesmo ano, muitas novidades: o Fusca tornou-se o líder em vendas no Brasil, com 31.014 veículos comercializados, e foi lançado um novo veículo, de visual esportivo, o Karmann-Ghia.

O novo carro era fabricado em sistema de parceria. A Volkswagen fornecia o chassi e os componentes mecânicos, enquanto a Karmann-Ghia do Brasil, empresa da qual o carro levava o nome, produzia a carroceria e cuidava da montagem e do acabamento.

O Karmann-Ghia, novo carro da Volkswagen muito apreciado pelo público brasileiro.

# A chegada ao Brasil

Depois de pronto, o veículo retornava à Volkswagen, responsável pela venda e assistência técnica. A carroceria possuía um design diferenciado, muito bonito e moderno, e fabricado de modo praticamente artesanal, fato amplamente explorado em sua campanha publicitária.

Apesar da aparência esportiva, o Karmann-Ghia mostrou-se de fraco desempenho, já que era equipado com o mesmo chassi e motor de 30 cv do Fusca 1200. Mas cativou o público principalmente por sua beleza, sendo considerado por muitos, no Brasil e no mundo todo, um dos designs mais belos de toda a história.

A popularização dos produtos Volkswagen era muito forte no país, já que seus carros possuíam mecânica robusta e de fácil manutenção. Como era costume dizer, "qualquer mecânico mexe num Volks". Outra vantagem mercadológica era o maior valor de revenda em relação à concorrência. Com isso, a empresa virou líder em vendas no Brasil, atingindo em 1965 o valor impressionante de 59% da produção da indústria automobilística brasileira. Consequentemente, a marca Volkswagen obteve 60,7% da frota de veículos que circulavam pelo país.

A Volkswagen sempre fazia anualmente pequenos melhoramentos em seus produtos. Ainda em 1965, o Fusca ganhou uma versão de teto solar e outra versão popular simples e despojada chamada "Volkswagen Pé de Boi", com incentivos de financiamento a juros subsidiados pelo governo. Mas nenhuma delas obteve sucesso. A versão equipada com teto solar foi rejeitada por receber um apelido pejorativo: "Cornowagen", uma alusão à abertura no teto para "arejar os chifres" de alguém que teria sofrido uma traição. Logo o mercado reagiu, e as vendas se revelaram um fracasso. Como resultado, no ano seguinte sua produção foi descontinuada.

Já a versão despojada, a Pé de Boi, não agradou por ser um carro extremamente pobre em detalhes, e como o automóvel no Brasil sempre foi símbolo de poder, o público também o rejeitou. A versão foi descontinuada, assim como outros modelos produzidos por fabricantes diferentes utilizando o mesmo incentivo, como o Gordini Teimoso, o DKW-Vemag Pracinha e o Simca Alvorada. Era comum os proprietários desses modelos saírem das concessionárias e correrem às lojas de acessórios para colocar frisos, calotas e emblemas das versões mais luxuosas, aumentando os gastos com o carro. Atualmente, exemplares originais destes modelos são verdadeiras raridades, já que, no caso do Volkswagen, envergonhados pelo maldoso apelido, muitos mandavam tampar o teto solar e, no caso do Pé de Boi, equipavam o carro com acessórios básicos, deixando-o mais parecido com o Fusca normal.

A maior novidade da linha viria em 1967, o novo motor 1300, que substituiria o antigo 1200 no Fusca, aumentando a potência de 30 cv para 38 cv e melhorando, assim, o desempenho. Já a Kombi e o Karmann-Ghia receberam um novo motor 1500 de 44 cv, ganhando mais vigor. Na metade do ano, outra novidade foi o sistema elétrico de 12 volts em substituição ao antigo e ineficiente de 6 V.

# NOVOS CARROS

Um novo carro nasceu no Salão do Automóvel de 1968. O Volkswagen 1600 quatro portas foi o primeiro Volkswagen brasileiro com carroceria três-volumes (capô, compartimento de passageiros e motor). Vinha equipado com motor 1600 de 50 cv e a tradicional refrigeração a ar, mas com apenas um carburador, o que lhe rendia uma velocidade máxima em torno de 135 km/h. O público brasileiro inventou-lhe um apelido irreverente, Zé do Caixão, em virtude de suas linhas retilíneas e das quatro maçanetas que lembravam as alças de um caixão. O estranho nome era um personagem criado pelo ator, diretor e roteirista José Mojica Marins, que fez vários filmes de terror.

O nosso Volkswagen 1600 baseou-se no modelo da Volkswagen alemã denominado Tipo 3, que já existia desde 1961 em versão de duas portas. Possuía bom acabamento, espaço interno e baixo nível de ruído, pois o motor ficava "para fora" do carro. No Brasil, apesar de nunca ter sido sucesso de vendas, era bem-aceito entre os taxistas por ter quatro portas, o que facilitava a entrada de passageiros no banco de trás. Ainda assim, sua produção se encerrou em 1971.

No ano de 1968, o Karmann-Ghia ganhou uma versão conversível, um verdadeiro sonho de consumo na época. Foram fabricados apenas 176 conversíveis, que hoje são verdadeiras raridades, muito cobiçados entre os colecionadores.

Em 1969, o mesmo chassi do Zé do Caixão foi usado para fazer a versão perua, chamada de Variant, nome herdado de sua "irmã" alemã. A mecânica era a tradicional Volkswagen com motor 1600 e trazia

O Volkswagen 1600 quatro-portas inaugurou no Brasil a série com motor de 1.600 cm³.

# A chegada ao Brasil

algumas diferenças: a carburação era dupla, com um carburador Solex-Brosol 32 PDSIT de cada lado, instalado em uma altura inferior comparado ao anterior único. Além disso, a turbina de refrigeração era fixada diretamente ao virabrequim, visando baixar a altura geral do motor. Alguns chamavam de motor "deitado". Tais mudanças visavam unicamente conferir um compartimento de bagagem traseiro, inexistente no Zé do Caixão e que havia no Tipo 3 alemão.

A Variant foi o primeiro veículo Volkswagen com dupla carburação e com a vantagem de um aumento da potência para 54 cv. Mas a manutenção devia estar sempre em dia, pois os carburadores mal equalizados faziam a Variant ficar com a marcha lenta irregular, um grande incômodo muitas vezes associado ao aumento do consumo de combustível.

A capacidade de bagagem foi a maior arma publicitária da Volkswagen, já que a Variant possuía dois porta-malas, um na frente e outro atrás, acima do "escondido" motor. A primeira propaganda vinculada na TV mostrava o ator e comediante Rogério Cardoso (1937-2003) abrindo o capô dianteiro e a porta traseira, perguntando-se: "Cadê o motor?" Em seguida, procurava-o freneticamente em volta e embaixo do carro, e até dentro do porta-luvas. Um comercial com um senso de humor bem ao estilo brasileiro. A Variant possuía um grande espaço para bagagem, algo em torno de 640 litros, o suficiente para seus cinco passageiros. Com o encosto do banco traseiro rebatido, chegava a incríveis 1.000 litros, um verdadeiro "papa-bagagens".

No ano seguinte, um novo lançamento: agora a versão fastback, a TL, já produzida na Alemanha desde 1966. A mecânica era idêntica à da Variant; a diferença estava na carroceria. Dotado de uma traseira inclinada, bem ao estilo anos 1960 e 1970, o carro tinha o espaço para bagagem reduzido, assim como a visibilidade traseira. O TL substituiu o Volkswagen 1600 quatro-portas, que saiu de linha em razão de baixas vendas.

Ainda no ano de 1970, o Fusca ganhou as maiores modificações desde seu lançamento. Visualmente, o que chamava atenção eram os novos para-choques, agora com uma única lâmina e redesenhados. Mas a maior novidade foi o lançamento de um

A perua Variant possuía grande capacidade de carga, já que havia um porta-malas na frente e outro atrás.

Novo Volkswagen TL: aspecto mais esportivo, mas menor espaço para bagagem.

Fusca mais potente, equipado com motor 1500 de 44 cv, logo apelidado de "Fuscão", com velocidade máxima e aceleração um pouco melhores que o 1300. Apresentava também mudanças visuais, como lanternas traseiras maiores com luz de ré acoplada, tampa do motor com entradas de ar e calotas planas cromadas similares às que equipavam a Variant. Internamente, o painel era revestido com material que imitava madeira jacarandá. O consumidor tinha à sua disposição, então, duas opções de Fusca: o 1300 e o 1500.

Para melhor desempenho, o Fuscão vinha com a bitola traseira 62 mm maior, o que representava uma melhora para o tradicional sobre-esterço, ou a saída de traseira nas curvas rápidas, até então um dos defeitos do Fusca. Além disso, os freios ganharam disco nas rodas dianteiras como opcional, melhorando a frenagem e, consequentemente, a segurança.

Outra novidade do ano foi a adoção do motor 1600 no Karmann-Ghia, o que deixou o carro um pouco mais veloz, podendo atingir velocidades próximas de 140 km/h. A bitola traseira foi também aumentada, melhorando tanto a estabilidade quanto o visual do elegante cupê, e os freios dianteiros passaram a ser a disco. Na parte externa, as mudanças incluíram novos para-choques e as mesmas calotas da Variant.

Em 1971, a Variant e o TL ganharam nova frente, agora mais baixa, dando-lhes um visual mais moderno e aerodinâmico. Mas a maior novidade foi a criação do novo Karmann-Ghia TC, um belo e cobiçado carro da época e que exibia linhas mais modernas, inspiradas no Porsche 911.

No ano de 1972, a Volkswagen surpreendeu o mercado com o lançamento do esportivo SP2, o primeiro projeto próprio desenvolvido por técnicos e designers brasileiros, cujo resultado foi um belo carro com desenho arrojado. As primeiras unidades saíram com motor idêntico ao da Variant e foram chamados de SP1, mas, devido ao fraco desempenho, ele logo foi descartado em favor da versão com motor de maior cilindrada, o 1700, de exatos 1.678 cm³, que desenvolvia 65 cv, cuja velocidade máxima era de 160 km/h. Levava 17,5 s para atingir os 100 km/h, números razoáveis para os padrões daqueles tempos. Os freios eram a disco nas

# A chegada ao Brasil

À equerda: o SP2, apesar de ser um carro cobiçado, não vendeu bem, principalmente por causa de seu alto preço. À direita: o Volkswagen Brasília, um dos maiores sucessos da empresa de todos os tempos.

rodas dianteiras. Já a suspensão recalibrada e pneus radiais 185SR14, de perfil alto (80), davam melhor estabilidade ao carro.

Internamente, muitos mimos com os quais o consumidor, principalmente o da Volkswagen, não estava acostumado. Entre eles, bancos esportivos com apoios reguláveis para a cabeça e acolchoamento na região lombar para evitar dores na coluna, rádio, ventilador e painel completo com conta-giros, termômetro de óleo, amperímetro e relógio. O limpador de para-brisas no lado do motorista era pantográfico e possuía duas velocidades com acionamento na coluna de direção. O cuidado com a ergonomia era evidente, deixando todos os comandos sempre à mão. Havia dois pequenos porta-malas, um na dianteira e outro na traseira, que, juntos, ofereciam um volume de 345 litros de bagagem, nada mau para um esportivo.

Apesar de ser um ótimo carro e ter marcado época, o SP2 não foi um sucesso de vendas. A razão principal foi o preço, bem mais alto que o de seu concorrente, o Puma. Além disso, este último era fabricado em compósito de fibra de vidro, bem mais leve – o SP2 era feito em chapa de aço. Assim, o Puma, apesar de vir equipado com motor 1600, era mais ágil e rápido que o SP2, certamente uma grande vantagem mercadológica para o consumidor brasileiro sedento por velocidade.

A fabricação do SP2 se encerrou em 1975 com 10.193 unidades vendidas. É hoje um veículo bem-aceito entre os colecionadores, com exemplares até em museus no exterior, como no da Volkswagen em Wolfsburg, sede da fábrica na Alemanha, e até no Japão.

O ano de 1973 ficou marcado pelo lançamento mais importante da Volkswagen brasileira até então: o Volkswagen Brasília, um dos campeões de vendas no Brasil durante vários anos. Criado, projetado e desenvolvido no Brasil, era um dois-volumes com grande área envidraçada e espaço interno, motor 1600 de um carburador (50 cv) e bom desempenho. Sucesso imediato, vendeu mais de 1 milhão de veículos em oito anos de produção.

## A NOVIDADE DA MECÂNICA

Até 1973, todos os carros da Volkswagen eram equipados com motor de cilindros contrapostos, chamado de boxer na Alemanha, cuja característica eram os pistões horizontais opostos dois a dois, sempre refrigerados a ar e instalados na traseira. Ou seja, a receita de motor traseiro refrigerado a ar e tração traseira tornara-se a marca registrada da Volkswagen no mundo.

Graças a essa refrigeração, o Volkswagen não tinha radiador. A temperatura do motor era mantida dentro da faixa ideal mediante o ar que era enviado por uma turbina para os cabeçotes e cilindros. Outra vantagem deste motor era a robustez e a facilidade de manutenção, até então uma forte característica da marca. As desvantagens eram a potência e o desempenho relativamente fracos – por exemplo, um Fusca equipado com motor 1300 desenvolvia 38 cv e alcançava velocidade máxima de apenas 118 km/h, um número muito baixo mesmo para os padrões da época.

No Brasil, foram fabricados motores boxer refrigerados a ar de 1.200, 1.300, 1.500, 1.600 e 1.700 $cm^3$. Não existia nenhum Volkswagen que não fosse equipado com este tipo de motor. Mas essa história mudaria em 1974 com a chegada do moderno Volkswagen Passat, como será mostrado adiante.

Seria o fim do motor boxer no Brasil? A resposta é não. Eles continuaram firmes e fortes durante muito tempo: até 1975 no Karmann-Ghia TC, até 1981 na Variant, até 1982 no Brasília e até o fim da produção do Fusca, em 1986. Em 1993, a pedido do então presidente da República Itamar Franco, a produção do Fusca foi retomada e durou até 1996; o carro ficou conhecido como "Fusca Itamar".

Isso falando de motor traseiro, pois em 1980 ele era colocado pela primeira vez na dianteira, no Gol, em versão 1300 de 42 cv, com um carburador e, no ano seguinte, 1600 de 57 cv, dois carburadores. Este foi utilizado também na picape leve Saveiro, lançada em 1982.

Já na Kombi, o motor a ar sobreviveu por muito mais tempo. Em 1997, para aten-

Motor refrigerado a ar e com cilindros horizontais opostos dois a dois. Até 1973, era o único fabricado pela Volkswagen.

# A chegada ao Brasil

der às novas normas de emissões de poluentes de janeiro daquele ano, o motor boxer da perua ganhou injeção eletrônica multiponto e catalisador no escapamento. Foi o único Volkswagen refrigerado a ar com este tipo de alimentação feito no Brasil, embora já existisse há algum tempo no exterior.

Em 2005, a nossa Kombi era o único veículo que usava o motor boxer. Contudo, no dia 23 de dezembro do mesmo ano, foi fabricada a última perua com este motor, consequentemente o último Volkswagen "a ar" em escala mundial. O motor boxer não é mais fabricado, nem como item de reposição.

Fechava-se, assim, um ciclo de setenta anos de sucesso desse tipo de motor. Novamente para atender às normas cada vez mais rígidas contra poluição, inclusive sonora, a partir daquela data a Kombi brasileira passaria a ser equipada com motor

1,4-litro arrefecido a água, do Volkswagen Fox de exportação. Foi criada uma série especial de Volkswagen Kombi, a série prata. As últimas duzentas unidades com motor a ar saíram na cor prata, com vidros esverdeados e acabamento diferenciado. Atenção, colecionadores, alguns exemplares desse modelo circulam diariamente pelas ruas!

*A Kombi brasileira série prata de 2005 foi o último veículo do mundo a ser equipado com motor refrigerado a ar.*

## A ORIGEM DO PASSAT NO BRASIL

No Brasil, o namoro com o motor refrigerado a água já existia havia algum tempo. Desde 1971, ouviam-se rumores dentro da Volkswagen de que o lançamento de um carro com tais características seria apenas uma questão de tempo, dada a exigência do mercado.

Naquele mesmo ano, a fábrica trouxe da Alemanha um Audi 100 LS para os primeiros testes de adaptação ao nosso clima tropical. Mesmo assim, a diretoria da Volkswagen negava veementemente o fato, sob a alegação de que os testes estavam sendo realizados a pedido da subsidiária sul-africana. Mas nos bastidores já se sabia que esse poderia ser o futuro carro brasileiro, virtual concorrente do Opala e do Corcel, então sucesso de vendas no Brasil.

Capa da revista *Quatro Rodas* de maio de 1971: em destaque, o "segredo" do novo Volkswagen.

A onda de boatos ganhava força, já que o então presidente da Volkswagen brasileira, Rudolf Leiding (no cargo desde 1968), criou o Audi alemão e era simpático à ideia de produzi-lo por aqui.

O segredo em relação ao novo carro brasileiro foi absoluto. A Volkswagen não deixava escapar nada para a imprensa especializada, mas fontes ligadas à empresa sugeriam que os testes continuavam a todo vapor, com vários carros trazidos da Alemanha.

Em 1972, o carro importado para teste passou a ser o recém-lançado Audi 80. Na imprensa já se falava em uma substituição do TL pelo novo carro, e sugeria-se que sua produção seria feita na nova fábrica de Taubaté (SP), na época ainda em construção.

Na Alemanha, o Audi concorria com os luxuosos Mercedes-Benz e BMW, mas o Brasil provavelmente receberia uma versão mais simples.

Em 1971, Leiding voltou para a Alemanha para assumir a presidência mundial da Volkswagen, mas nunca se esqueceu do Brasil, país que conquistou seu coração: "No Brasil eu projetava, criava protótipos, fazia o que queria. Era sensacional!", dizia ele em tom saudoso.

Em maio de 1973, o Passat foi lançado na Alemanha e causou sucesso imediato. Diante da ótima recepção, Leiding ficou mais interessado em fazer um carro refrigerado a água no Brasil, deixando bem claro que gostaria muito que fosse o Passat.

No final do ano, a imprensa especializada já flagrava alguns modelos de Passat alemães em testes no Brasil. Dessa vez, no entanto, a Volkswagen não escondeu o fato e ainda informou que seu lançamento estava próximo, com possibilidade de ocorrer no primeiro semestre de 1974. A expectativa já estava no ar, e era possível sentir o interesse dos consumidores pela novidade. O nosso Passat teria a mesma faixa de preço do TL, cujas vendas estavam bem abaixo do esperado, ou seja, o carro nasceria com a missão de reconquistar o consumidor nessa faixa de mercado.

## O LANÇAMENTO DO PASSAT

O esperado lançamento do Passat ocorreu em setembro de 1974, e com certeza foi uma das novidades automobilísticas mais importantes e revolucionárias do Brasil até aquele momento, já que o consumidor de Volkswagen estava acos-

## A chegada ao Brasil

tumado há quase 25 anos com a mesma receita, ou seja, motor traseiro, refrigerado a ar, tração nas rodas de trás, desempenho modesto e mecânica extremamente confiável. A Volkswagen era a maior e principal fábrica brasileira e apresentava, pela primeira vez, um produto completamente novo para o mercado.

Um bordão era amplamente usado, tanto pelo público quanto pela própria empresa, e vinculado nas campanhas publicitárias: "Um Volkswagen não ferve nunca". Aliás, "ferver" jamais foi uma preocupação para o motorista desse carro. Aquela tradicional cena de um carro parado no acostamento numa subida de serra, com o capô do motor aberto e a característica fumacinha branca resultante da ebulição da água, era até então algo inimaginável para o motorista de um Volkswagen.

Com o surgimento do Passat, tudo mudaria.

Vamos relevar aqui que um carro bem regulado e com as manutenções em dia não deveria ter maiores problemas de superaquecimento, mas todos os elementos que pudessem levar o motor a superaquecer – tanto ele como a cabeça do motorista – estavam lá: radiador, mangueira, bomba d'água, ventilador elétrico, correias e, principalmente, a água, que até aquele momento tinha sido um problema para a concorrência, que não tinha argumentos para combater as campanhas, pois o Volkswagen até então não usara água para refrigerar o motor.

Falar de um Volkswagen refrigerado a água soava tão estranho quanto imaginar que a Ferrari fabricasse um carro popular e de baixa potência. Ou que um Ford Landau fosse o carro mais econômico e barato do Brasil. Ainda que o carro estivesse presente na imprensa há algum tempo, o brasileiro foi meio pego de surpresa, aliás, uma surpresa muito agradável! Tudo parecia muito "estranho" no novo Volkswagen

*O novo Passat significou uma importante mudança da Volkswagen rumo à modernidade.*

*Motor do Passat, o primeiro Volkswagen refrigerado a água.*

Primeiros Passats fabricados pela Volkswagen.

Passat – e comum para os concorrentes. O motor, além de refrigerado a água, vinha instalado na dianteira, onde uma grade permitia a entrada do ar para refrigerar o radiador. A tração era nas rodas dianteiras, como no Ford Corcel e nos antigos DKW-Vemag – até então, os únicos carros com tração dianteira fabricados no Brasil conhecidos pelos brasileiros. Se não fosse o emblema Volkswagen nesta grade, o público desavisado nunca imaginaria que se tratava de um carro da marca.

Além do motor dianteiro, refrigerado a água e com comando de válvulas no cabeçote acionado por correia dentada, o resto da mecânica também se diferenciava dos "antigos" e tradicionais Volkswagen, como: câmbio, suspensão de molas helicoidais em substituição à tradicional com barras de torção, e tração, agora nas rodas dianteiras, seguindo o que havia de mais moderno. Aquela afirmação de que qualquer mecânico mexia num Volkswagen já não era mais válida. Todos tiveram de se adaptar à nova realidade chamada Passat.

A Volkswagen finalmente apresentava um produto moderno e atual, com design, tecnologia e segurança iguais aos oferecidos pela matriz na Alemanha. Nesse aspecto, o Passat representou um importante marco no Brasil.

## O CARRO

O Passat era a versão Volkswagen do Audi 80. A única diferença se encontrava no teto em estilo fastback, em virtude do acordo entre as duas fábricas que determinava preferência à Volkswagen para esse estilo em seus lançamentos.

No Brasil, ele foi lançado apenas com a carroceria de duas portas, e nas versões L ("Luxo", que apesar do nome era básico) e LS ("Luxo Super", mais luxuoso). Este último era equipado com rádio de três faixas – ainda sem opção de FM –, acendedor de cigarros, ar quente, relógio, hodômetro parcial, limpador de para-brisa com temporizador – que, em caso de garoa, funcionava a cada 5 s –, lavador de para-brisa elétrico acionado pela alavanca do limpador e espelho retrovisor interno antiofuscante, equipamentos que não existiam no L. Além disso, a versão mais luxuosa vinha com bancos revestidos com tecido sintético, os chamados "bancos de veludo" (no L, eram de vinil), carpete de melhor qualidade, encosto dos bancos dianteiros totalmente reclináveis, diferentemente do L, painel mais completo e frisos cromados nas forrações

# A chegada ao Brasil

das portas. Apesar de mais simples, o acabamento geral do modelo L também era considerado bom para os padrões da época, havendo até quem o preferisse ao LS.

O espaço para as pernas dos ocupantes do banco de trás era muito bom, mesmo com os bancos dianteiros totalmente recuados. Já os encostos dos bancos da frente tinham uma trava de segurança, o que não era muito comum no Brasil. O encosto permanecia fixo em caso de freadas bruscas e proporcionava mais segurança em acidentes, pois o corpo do passageiro do banco traseiro não "esmagava" o ocupante do banco dianteiro. Portanto, para entrar e se acomodar, o passageiro de trás precisava puxar a trava que ficava na lateral do encosto para liberá-lo.

Os bancos dianteiros não possuíam encosto para a cabeça – cuja função é proteger o pescoço em caso de batida na traseira –, já que não havia tanta preocupação com a segurança como atualmente. Os cintos de segurança dianteiros de três pontos eram item de série no Passat, mas seu uso ainda não era obrigatório por lei. Hoje é reconhecida sua importância para a segurança, mas até então o Alfa Romeo 2300 B/Ti4 era o único carro nacional que oferecia esse

Interior no Passat LS: bancos dianteiros totalmente reclináveis e frisos cromados nas forrações das portas.

À esquerda: interior do Passat L: bancos em tecido sintético com característico desenho corrugado. À direita: trava no encosto do banco da frente: maior segurança e uma novidade no Brasil da época.

Instrumentos do Passat com três mostradores; o relógio central e o hodômetro parcial eram exclusivos do modelo LS.

Painel do modelo L.

importante item. Considerando ainda a segurança dos ocupantes, a fábrica instalou no carro um painel acolchoado com uma camada de espuma de poliuretano injetado e revestido de plástico ABS, o que garantia maior proteção aos ocupantes da frente que estivessem sem cinto em caso de pequenas batidas. Outro item de segurança era a coluna de direção deformável, que amenizava o impacto do tórax do motorista contra o volante numa batida frontal.

O nível de ruído do Passat era muito baixo. Com os vidros fechados, praticamente não se escutava o motor, mais uma diferença em relação aos outros Volkswagens, nos quais o motor ficava praticamente dentro do carro e o ruído incomodava bastante. Além disso, a me-lhor aerodinâmica amenizava, e muito, o ruído do vento em velocidade.

Tanto o L como o LS vinham equipados com ventilador elétrico de duas velocidades, que, além de refrescar o interior, funcionava como desembaçador em dias de chuva – a diferença era que no modelo mais luxuoso também existia ar quente, que saía pelos mesmos difusores.

No painel, os três instrumentos eram bem visíveis, ou seja, não eram atrapalhados pelo volante. Na parte esquerda, de maior diâmetro, ficava o velocímetro com hodômetro, na escala até centenas de metros, no L somente total e no LS também parcial, com um botão para zerar, recurso muito útil em viagens para controlar a quilometragem percorrida. Ao centro, um mostrador menor onde estava instalado um relógio (somente no LS). À direita, um mostrador do mesmo tamanho do velocímetro que englobava as luzes de controle do alternador, de pressão de óleo e do indicador de direção, além dos instrumentos indicadores de combustível e da temperatura da água do motor.

# A chegada ao Brasil

## CARROCERIA

À primeira vista, nada nele lembrava um Volkswagen habitual, mas a beleza e a modernidade de suas linhas eram indiscutíveis. A carroceria foi desenhada pelo famoso estilista italiano Giorgetto Giugiaro e sofreu influência da tendência estilística predominante na indústria europeia da época, principalmente pela traseira ao estilo fastback.

Na dianteira, o para-choque era uma lâmina única e sem garras, e nas suas extremidades estavam embutidas as luzes de direção (piscas). Sob o para-choque, duas pequenas entradas de ar, a esquerda para refrigeração do radiador; acima, a grade dianteira para refrigeração do compartimento do motor, fabricada em plástico ABS na cor preto fosco, emoldurada por um friso cromado; ao centro, o emblema da Volkswagen. Os faróis eram circulares, instalados na extremidade da grade. Na traseira, duas grandes lanternas horizontais davam boa visibilidade e harmonia ao carro. Nos dois modelos, um friso cromado percorria toda a linha central da carroceria.

O Passat foi desenhado por Giorgetto Giugiaro, cuja principal característica era a traseira estilo fastback.

Visualmente, era difícil distinguir o modelo L do LS; a única diferença era o

Por fora, os modelos L (foto) e LS eram praticamente idênticos; apenas o emblema na traseira indicava a versão.

emblema na traseira, que denunciava a versão. Na lateral direita, a portinhola que "escondia" a tampa do tanque de combustível era a mesma, porém, apenas no LS ela vinha com fechadura à chave.

Não escapava aos olhos mais atentos o sistema de fecho duplo do capô, um de cada lado, além da costumeira trava de segurança, para reduzir a possibilidade de abertura acidental do capô com o carro em movimento.

## MECÂNICA

Segundo informações de antigos funcionários das concessionárias, num primeiro momento após o lançamento, o Passat sofreu certa rejeição por não se tratar de um Volkswagen "de verdade" e pelo despreparo de parte dos mecânicos para lidar com uma mecânica diferente como a dele. Mas, depois de um rápido período de adaptação, essa má impressão chegaria ao fim. A fábrica realizou um intenso treinamento com os responsáveis pela área de assistência técnica das concessionárias, que era a maior rede do

Brasil. Além disso, o Passat por si só já provaria seu valor como um produto excelente, atual e moderno.

O treinamento era necessário, dada a quantidade de novidades. Além de ser instalado na dianteira, refrigerado a água com radiador "selado", o motor era longitudinal, de quatro cilindros em linha e inclinado à direita (os outros Volkswagen eram horizontais e opostos), com comando de válvulas no cabeçote acionado por correia dentada, que ainda era novidade no Brasil – ele existia somente no Chevette, lançado um ano e meio antes. Este sistema de correia é tão eficiente que atualmente a maioria dos carros possui este tipo de acionamento, embora haja uma tendência recente de passar a ser por corrente, mais confiável e que não requer manutenção. Mas no Passat o sistema era bem projetado, tanto que não havia quilometragem prescrita para sua troca, ao contrário do próprio Chevette e de outros carros que chegariam em seguida, como o Fiat 147, de troca a cada 40.000 km.

Raio X da moderna mecânica do Passat, diferente dos Volkswagens de até então.

# A chegada ao Brasil

Logo no começo, a capa de proteção da correia dentada mostrou-se deficiente e precisou ser modificada, pois houve casos de entrada de pedras ou mesmo pássaros no mecanismo, estragando a correia e interrompendo o funcionamento do motor. Felizmente a taxa de compressão era baixa naquele tempo e não havia possibilidade de atropelamento de válvulas pelos pistões, caso o comando de válvulas saísse de sincronismo por algum problema na correia dentada.

O motor tinha cilindrada de 1.471 cm³ (76,5 x 80 mm) e desenvolvia 65 cv a 5.600 rpm. A taxa de compressão foi reduzida em relação ao Passat alemão (de 8:1 para 7,0:1), em razão da baixa octanagem da gasolina brasileira na época; não fosse isso, a potência poderia ser maior.

Outra novidade no Brasil era o ventilador do radiador, acionado por um motor elétrico que entrava em funcionamento automaticamente, comandado por um interruptor térmico – apelidado de "cebolão" – localizado na caixa d'água inferior do radiador, e um relê. Até então, o ventilador do radiador dos carros era acionado diretamente pelo motor por meio de uma correia trapezoidal de borracha, de modo que sua rotação era insuficiente com o carro em baixa velocidade ou parado no trânsito. Seu funcionamento era dispensável em velocidades acima de 60 ou 70 km/h, bastando o ar dinâmico que entrasse pela grade. Ou seja, o ventilador funcionava contrário às necessidades. No caso do Passat, isso não era mais um problema, já que o ventilador, por ser elétrico, funcionava de forma independente e sempre que a temperatura da água atingia cerca de 95 ºC, desligando quando a água baixava para 82 ºC, tudo de modo automático. Esse sistema, mais a válvula termostática que todo sistema de arrefecimento a água tem, servia para manter o motor sempre na temperatura ideal de funcionamento e sem desperdiçar energia com o acionamento desnecessário do ventilador.

Os freios eram muito eficientes, a disco nas rodas dianteiras e a tambor nas traseiras, e traziam mais uma novidade ao Brasil, o duplo circuito hidráulico, três anos antes de ser tornado obrigatório em todos os carros por norma do Conselho Nacional de Trânsito. Mas no Passat havia uma particularidade, os circuitos eram cruzados, um atuava sobre a roda dianteira esquerda e a traseira direita; e o outro, na roda dianteira direita e na traseira esquerda. Isso aumentava a segurança do carro, pois, se um circuito falhasse, continuaria a haver freio numa das rodas dianteira, onde o freio é mais importante, garantindo 50% da capacidade de frenagem, o suficiente para evitar a maioria dos acidentes e poder-se chegar a uma

O ventilador elétrico do radiador só funcionava quando necessário, uma novidade no Brasil.

concessionária ou oficina mecânica. As críticas dos proprietários diziam respeito à ausência de servofreio, que não era oferecido nem como opcional, exigindo maior esforço do motorista nas frenagens. Mas este item seria incorporado ao carro já no ano seguinte, além do fato de o fabricante e fornecedor, Freios Varga (hoje TRW), ter colocado no mercado de reposição um conjunto de servofreio para montagem nas concessionárias por preço razoável, de instalação rápida e que funcionava muito bem.

Outra característica inédita num carro brasileiro foi o raio negativo de rolagem, uma característica de projeto da suspensão e direção que pode facilitar em muito o controle do carro em certas situações críticas. É o que ocorre quando a atuação dos freios é desigual, quando se freia sobre pisos de diferentes coeficientes de atrito (duas rodas no asfalto e duas no acostamento de terra, por exemplo) ou, ainda, quando um pneu dianteiro perde subitamente a pressão. O raio negativo autoestabiliza o veículo, anulando a força que o faria girar em torno de uma das rodas dianteiras, sem que o motorista precise intervir no volante ou mesmo perceba sua atuação. Além disso, foi o raio negativo de rolagem que viabilizou o duplo-circuito hidráulico dos freios cruzado em diago-

nal, pois em caso de atuação de apenas um circuito o carro ficaria incontrolável sob frenagem. Hoje a maioria dos carros tem raio negativo de rolagem.

A suspensão era muito boa, garantindo ao Passat excelente estabilidade, um dos pontos altos do carro. Mas havia um problema: como seu projeto tinha sido feito para as condições de ruas e estradas da Alemanha, muito melhores que as nossas, o carro apresentava ruídos e trepidações em pavimentos que não fossem perfeitamente lisos, ou seja, muitos, já que naquela época muitas ruas ainda tinham calçamento de paralelepípedos.

A suspensão dianteira era tipo McPherson, a mesma que vinha no Simca Chambord de 1959, mas com a importante diferença de o braço inferior ser triangular, desse modo tirando da barra estabilizadora a responsabilidade da localização longitudinal da roda, mais importante ainda pelo fato de a tração ser dianteira (traseira no

*Suspensão dianteira tipo McPherson com molas helicoidais, novidade na Volkswagen.*

# A chegada ao Brasil

Simca). Outra evolução importante nesse tipo de suspensão foi passar a ser possível substituir apenas o amortecedor, enquanto no Simca o mesmo reparo exigia a troca da coluna de suspensão completa, encarecendo a manutenção.

A suspensão traseira inovava também no Brasil, por ser um eixo semirrígido que proporcionava certa independência das rodas, uma solução simples porém bastante eficiente.

O Passat era equipado com pneus radiais 155SR13 (Pirelli CN-15), no início ainda com cinta têxtil, mas que melhoravam ainda mais a estabilidade e eram responsáveis por uma capacidade melhor de frenagem.

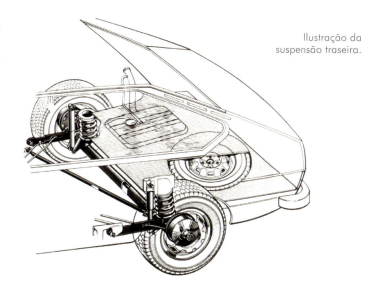

Ilustração da suspensão traseira.

## DESEMPENHO

Além do futebol, o brasileiro também era apaixonado pela velocidade. Na Fórmula 1, Emerson Fittipaldi tornou-se o primeiro brasileiro campeão mundial, em 1972, pela Lotus, e no final de 1974 se consagraria bicampeão correndo pela McLaren. As corridas faziam sucesso aos domingos de manhã nos primeiros televisores em cores dos lares brasileiros e também pelos circuitos espalhados nos quatro cantos do Brasil.

Para o público comum, ter um carro veloz e potente era garantia de poder, principalmente para o jovem que queria impressionar o sexo oposto. Até entre as crianças, o vírus da velocidade já se espalhava – quem não se lembra das corridas de rolimã nas ladeiras asfaltadas Brasil afora? Inclusive, eram comuns provocações do tipo "o carro do meu pai corre mais que o do seu".

Outra prática perigosa – e condenável – eram os "rachas", onde motoristas, principalmente os mais jovens, queriam provar que seu bólido era o mais rápido promovendo corridas clandestinas pelas

Passat, enfim um Volkswagen veloz!

avenidas durante a madrugada, o que muitas vezes terminava em acidentes, não raro graves.

No quesito desempenho, o usuário de um Volkswagen até então não podia orgulhar-se, pois, apesar de o carro ter diversas virtudes, o motor refrigerado a ar não era muito eficiente. Por causa de sua cilindrada, gerava pouca potência e, consequentemente, baixa velocidade e aceleração. Mas tudo isso mudaria com a chegada do Passat, que conseguia atingir velocidade de 150 km/h, levando em média 16 s para atingir 100 km/h, o que, se não era um desempenho fantástico, pelo menos estava acima da média em se tratando de um Volkswagen. A título de comparação, um TL 1600 rendia apenas 54 cv, atingia 135 km/h e demorava cerca de 24 s para chegar aos 100 km/h. Os freios do Passat mostraram-se bons, a estabilidade era ótima e as curvas em velocidade eram feitas sem sustos.

O Passat entrava no mercado para concorrer principalmente com o Ford Corcel e o recém-lançado Dodge 1800, embora também atingisse alguns compradores do Chevrolet Opala 2500 de quatro cilindros.

Se o motorista estivesse acostumado com um TL, uma Variant ou um Fusca e o trocasse por um Passat, sentiria um forte impacto nas primeiras voltas com o carro. A diferença era grande, começando pela posição de dirigir, um pouco mais baixa, já que os bancos eram feitos para o público alemão, de maior estatura, evitando que os mais altos encostassem a cabeça no teto. Ao ligar o motor, o som era totalmente diferente dos "a ar" e bem mais baixo também, já que o Passat era muito silencioso graças à quantidade de materiais fonoabsorventes. Na parte da frente, um painel totalmente novo e diferente do habitual.

Ao engatar a primeira marcha, outra surpresa. Se o motorista pisasse no acelerador com a mesma pressão a que estava acostumado, certamente deixaria pequenas marcas de pneu no asfalto por causa da tração dianteira, ou seja, ele precisava se acostumar a dosar o pé no acelerador. Continuando o passeio, outra diferença:

## A chegada ao Brasil

Antes de ser lançado, o Passat passou por rigorosos testes na Volkswagen.

as trocas de marcha, menos precisas que as dos "velhos" Volkswagen. Aliás, este era um dos poucos defeitos do carro, que demorou três anos para ser resolvido.

Até 1976, o trambulador da alavanca de câmbio era muito delicado e apresentava certa folga em pouco tempo e, aliado a uma alavanca muito comprida, demandava habilidade para se acostumar com ele. Como a marcha a ré encontrava-se ao lado da primeira marcha, era comum, e até engraçado, o motorista engatar a ré em vez da primeira e arrancar no sinal... para trás! Não era nenhuma surpresa ver um Passat novo com o para-choque traseiro amassado.

Conforme se acostumavam com o novo carro, os motoristas podiam notar que o motor era mais elástico, exigindo menos trocas de marchas. Por exemplo, uma ladeira que o TL superaria em segunda marcha poderia ser feita pelo Passat em terceira ou até em quarta; além disso, as ultrapassagens nas estradas eram realizadas com muito mais facilidade e as subidas de serra eram vencidas com menos esforço do motor e do motorista. Agora um comprador de Volkswagen podia se orgulhar de ter um carro veloz.

Um teste comparativo entre Passat, Dodge 1800 e Corcel, realizado pela revista *Quatro Rodas* na edição de outubro de 1974, comprovava um melhor desempenho do Passat. O Corcel, com motor 1,4, atingiu velocidade máxima de 133 km/h, enquanto o Dodge 1800, com motor 1,8, atingiu 146 km/h. O Passat chegou à máxima de 144 km/h, mas com melhor regulagem poderia atingir os 150 km/h indicados pela fábrica, segundo a revista. Para surpresa geral, esse mesmo comparativo contou com a presença de um quarto carro, o TL, contradizendo as sugestões de que, com a chegada do Passat, ele sairia de linha. Assim, os dois conviveram juntos na linha de montagem por pelo menos mais um ano.

Emerson Fittipaldi dirige o Passat na ocasião do Grande Prêmio do Brasil de Fórmula 1; o carro foi usado pelo diretor de prova.

CAPÍTULO 3

# A EVOLUÇÃO DOS MODELOS

# A TRAJETÓRIA DO PASSAT

No período em que foi fabricado no Brasil, o Passat sofreu alterações no desenho, na mecânica e no acabamento. A carroceria foi oferecida com versões de duas, três ou quatro portas, os motores de 1,5 litro, 1,6 litro e 1,8 litro movidos a gasolina e a álcool, conforme as necessidades do mercado e a concorrência. Confira a partir de agora a evolução ano a ano do "nosso Passat brasileiro".

## 1974 – PASSAT LM

Mal o Passat havia sido lançado no mercado brasileiro, a onda de boatos continuou. A imprensa especializada flagrava testes próximos à fábrica de duas possíveis variações do Passat, fotografando carros importados da Alemanha: as versões perua, que nunca chegou a ser lançada, e a de quatro portas, cujo lançamento ocorreria ainda no final daquele ano no Salão do Automóvel.

Nesse mesmo evento a Volkswagen apresentou uma estranha versão do Passat, chamado de LM, que, segundo a fábrica, era um modelo intermediário entre o L e o LS, inclusive no preço. Fontes ligadas à empresa, no entanto, afirmaram que as vendas do modelo de luxo superaram as expectativas e que houve problemas de fornecimento de peças internas. Isso fez com que a fábrica optasse por colocar no mercado a versão LM, que nada mais era que o modelo L com alguns equipamentos a mais, entre eles, bancos reclináveis e revestidos de tecido, painel com hodômetro total e parcial, relógio elétrico e acendedor

A evolução dos modelos 49

de cigarros. O curioso é que não havia nenhuma identificação externa nessa versão, provavelmente uma decisão de última hora para evitar carros incompletos no pátio da fábrica, e em razão da falta de tempo para confeccionar um novo emblema.

Durante os três meses em que o Passat LM foi oferecido ao público, 19.035 carros foram vendidos, uma média de quase 6.400 unidades por mês. Para efeito de comparação, seu principal concorrente, o Corcel, vendeu durante todo o ano 66.211 carros, o que dava uma média de pouco mais de 5.500 unidades por mês, desconsiderando a Belina, por se tratar de outra categoria.

## 1975 – MAIS COMODIDADE

Nesse ano, o Passat se firmou no mercado e já podia ser considerado um grande sucesso no Brasil. A maior novidade de 1975, na linha, foi o lançamento da versão de quatro portas que havia ocorrido no Salão do Automóvel no final do ano anterior. O fato de a Volkswagen ter lançado a versão com duas portas antes foi estratégico, já que esses carros eram bem mais aceitos no mercado, apesar de serem menos práticos para os ocupantes do banco traseiro. Havia certo preconceito em relação a veículos de quatro portas, pois acreditava-se, de forma errônea, ser um modelo para taxista, ou "carro de praça", como se dizia naqueles tempos. Esse

Em 1975, a grande novidade da linha Passat foi a versão quatro-portas, para maior comodidade no acesso ao banco traseiro.

conceito era um resquício dos anos 1940 e 1950, em que táxis e lotações eram comuns nas grandes cidades, e quase todos os carros de quatro portas haviam "trabalhado na praça", o que desvalorizava os usados com quatro portas. O curioso é que nos dias de hoje ocorre justamente o oposto, as versões de quatro portas são as preferidas do público.

Esse novo Passat tinha a mesma carroceria do cupê, ganhando apenas duas portas. O espaço interno e as versões (L, LM e LS) eram iguais. Após cada porta traseira havia uma janela, fixa e de contorno aproximadamente triangular, constituindo o que os estilistas chamam de "carroceria de seis janelas" que, além de deixar o interior mais claro, proporciona maior visibilidade para o motorista.

Nesse ano, o Passat ganhou o merecido título de "O Carro do Ano", escolhido por jornalistas especializados numa eleição promovida anualmente pela revista *Autoesporte*, que visava apontar o carro que mais se destacara no mercado brasileiro. Logicamente, a Volkswagen soube explorar muito bem esse título em várias campanhas publicitárias.

As especulações em relação a novos produtos da linha Passat continuavam.

O Passat duas-portas não sofreu mudanças em relação ao modelo do ano anterior.

# A evolução dos modelos

Agora, comentava-se que o carro ganharia uma nova versão com uma enorme porta traseira, ou seja, no lugar da pequena tampa de porta-malas haveria uma enorme tampa, tipo a dos carros hatchback. O formato da carroceria não sofreria mudanças, mas a capacidade de carga aumentaria de 420 para 800 litros, contando com o rebatimento do encosto do banco traseiro.

O carro já estava em produção na Alemanha desde fevereiro, nas versões de duas e quatro portas. Ainda não se sabia qual delas seria produzida no Brasil. Mas a Volkswagen tinha pressa, já que o Passat tivera grande aceitação, e a empresa queria aproveitar o "calor da novidade", para ganhar ainda mais espaço no mercado com novas opções ao consumidor.

Durante o ano, a Volkswagen apresentou duas melhorias para o Passat: servofreio e ar-condicionado, ambos oferecidos como opcional para as versões LM e LS. O servofreio, ou hidrovácuo, como era chamado à época, foi um pedido dos proprietários, que achavam excessivo o esforço sobre o pedal para frear. Instalado entre o pedal de freio e o cilindro-mestre, aproveitava o vácuo do coletor de admissão para reduzir de forma considerável tal esforço. O servofreio já existia em outros carros, principalmente nos de maior porte, e, portanto, não era novidade no mercado brasileiro.

O sistema de ar-condicionado era o mais novo e cobiçado opcional; com ele, o rádio tinha de ser instalado sob o painel.

No caso do ar-condicionado, o Passat foi o primeiro carro médio-pequeno a dispor deste acessório tão importante em nosso país tropical, e também foi o primeiro carro nacional a possuir este sistema embutido e integrado ao painel, que recebeu algumas mudanças para acomodá-lo. No local ocupado pelo rádio foi instalada uma saída de ar com um pequeno painel de duas alavancas, uma para controle do ventilador de quatro velocidades e outra para controle da temperatura. Foram aproveitadas as outras saídas que já existiam no carro: extremidades do painel, para-brisas e para o assoalho dianteiro. Já que o rádio tinha perdido seu lugar original, a solução foi instalá-lo embaixo do painel, igual à Variant e ao TL. Quem teve um deve se lembrar.

No cofre do motor, houve algumas modificações para receber o sistema de ar-condicionado. O radiador de água ficou maior para melhorar a refrigeração do motor com o ar-condicionado ligado. O alternador ganhou mais capacidade, já

Em 1975, foi fabricado o Passat nº 100.000, muito comemorado pela Volkswagen.

que, para manter a cabine fresca, usava-se uma maior capacidade elétrica do sistema.

Como esperado, no segundo semestre a versão LM deixou de ser oferecida, já que foi apenas uma decisão emergencial e temporária, consequência de uma falha na fabricação dos equipamentos para completar o LS.

Nesse ano, 49.179 Passats encontraram novos donos, enquanto o Corcel continuava na frente, com 66.211 unidades vendidas. Para colocar esses números em perspectiva perante o mercado brasileiro, o campeão de vendas era o Fusca, que vendeu 205.700, o Opala, 46.589, e o Chevette, 62.423.

## 1976 – PASSAT TS E TRÊS-PORTAS

A linha Passat não sofreu muitas modificações nesse ano. Internamente, os bancos ganharam novos desenhos e combinações de cores, com faixa central em veludo opcional no LS e de série no TS. O painel recebeu um revestimento em padrão jacarandá, conferindo-lhe uma aparência mais luxuosa. Na parte mecânica, a novidade era o servofreio, que passou a ser de série em toda a linha, e não mais opcional.

Painel com revestimento que imitava madeira e bancos redesenhados, novidades internas do Passat 1976; na foto, o modelo LS.

Externamente, o Passat perdeu os frisos laterais e as três saídas de ar acima da janela traseira.

Externamente, foram abolidos os frisos que corriam longitudinalmente nas laterais. Já as três saídas de ar acima da janela traseira do duas-portas, cuja função era facilitar a saída de ar do interior do veículo, também foram eliminadas. A partir disso, o ar era "expulso" do interior através de aberturas na parte posterior da estrutura das portas, não visíveis pelo lado de fora, sendo que o ar saía pela fresta entre a porta e a carroceria, uma solução menos eficiente.

Já era sabido que o brasileiro, principalmente o público mais jovem, adorava carros com características esportivas. Muitos acessórios estavam disponíveis no mercado com o intuito de deixar qualquer carro com visual mais esportivo, como rodas de liga leve com tala mais larga, volante esportivo, instrumentos, consoles, escapamento esportivos, faixas adesivas etc.

Outro costume consistia em rebaixar a suspensão do "bólido", deixando-o mais próximo do chão. Isso não melhorava o desempenho do carro, na melhor das hipóteses ajudava-o a fazer curvas um pouco mais rapidamente. Mas o que importava mesmo era deixar o carro com visual mais ousado e fazer sucesso com os amigos, mesmo que com isso o carro ficasse mais vulnerável a raspar a parte de baixo em qualquer obstáculo, por menor que fosse.

Observando esse público crescente, as fábricas no Brasil lançavam sempre novidades e versões esportivas. Nos carros mais potentes, elas já estavam presentes: Maverick GT, Dodge Charger R/T e Opala SS eram sonhos de consumo do brasileiro. Já nos carros de menor porte, havia o recém--lançado Chevette GP e o já tradicional Corcel GT. Todos eles nada mais eram do que os carros normais de linha com algum tratamento cosmético, deixando-os apenas com um visual mais esportivo, além de instrumentos a mais no painel e alguma potência extra no motor, o que explica o apelido dado a esses carros – "esportivados". Mesmo assim, eles faziam muito sucesso e apresentavam bom resultado nas vendas. Ainda nessa época, 1976, as importações de veículos foram proibidas no Brasil, o que obrigava os compradores a escolher modelos apenas das quatro grandes fabricantes instaladas no país – Chrysler, Ford, General Motors e Volkswagen –, além da instável Alfa Romeo e, depois, da Fiat, que apareceria no cenário nacional em setembro do mesmo ano com o modelo 147. Alguns poucos fabricantes de modelos artesanais e de baixa produção ainda tentavam suprir a falta de opções com o fechamento das importações, com destaque para a Puma, a Aldo Auto Capas, de Porto Alegre, com o Miura, a Lafer Móveis, com o MP Lafer, uma espécie de réplica do MG TD, e dezenas de fabricantes de réplicas e bugues, a maioria usando plataforma e motor Volkswagen do Fusca ou do Brasília.

A Volkswagen tratou de correr e também entrou no mercado em 1976 com seu "esportivado", o Passat TS (Touring Sport, ou "turismo esporte"), que rapidamente se tornou um carro cobiçado entre os consumidores. Como todos os outros esportivos, o Passat também tinha um visual mais ousado, com uma faixa preta na lateral na parte superior, terminando em ângulo de 45º na lateral traseira, com a sigla TS, além da frente com quatro faróis e friso cromado que contornava toda a grade e lhe dava um belo resultado estético.

A parte de baixo da carroceria, abaixo das soleiras, era pintada de preto. Já os para-choques contavam com um largo friso de borracha que protegia o carro contra pequenas batidas, e, na traseira, um emblema "Passat TS" identificava o modelo.

Internamente, mais novidades, como bancos mais anatômicos e reclináveis, oferecidos como opcional para o restante da linha. E, pela primeira vez na Volkswagen, eram oferecidos bancos dianteiros com apoio para cabeça, chamados de "banco alto", opcionais apenas para o TS. O painel também vinha revestido com padrão jacarandá, como no resto

O novo Passat TS, o cobiçado esportivo da linha, vinha com quatro faróis na frente e faixas pretas na lateral.

# A evolução dos modelos

da linha, mas com novo volante esportivo de três raios com furos circulares e botão de buzina com a sigla TS no centro.

O volante causou algumas críticas na época por seu tamanho avantajado, já que um carro esportivo costumava ter um volante menor. A alavanca de câmbio ganhou console central que chegava até o painel, também muito apreciado naqueles tempos. Além de porta-objetos, ele vinha com três instrumentos: relógio, voltímetro e medidor de pressão do óleo. O pequeno conta-giros foi instalado no painel, no lugar em que se localizava o relógio no Passat LS. O ar-condicionado, o aquecimento e a pintura metálica eram opcionais.

Com o intuito de melhorar a potência e o desempenho, a Volkswagen fez mudanças no motor. Aumentaram-se a taxa de compressão, de 7,0:1 para 7,5:1, e a cilindrada, que passou de 1.471 cm³ para 1.588 cm³ (79,5 x 80 mm). O coletor de escapamento era duplo, mais eficiente, diferenciando-se dos outros Passats, que possuíam coletor simples. O carburador simples foi substituído por outro de corpo duplo de 32 mm, da marca Pierburg-Solex e com segundo estágio a vácuo, que garantia uma melhor alimentação. Com isso, a potência aumentou de 65 para 80 cv, e com boas médias de consumo – 12,3 km/l segundo a publicidade da época. Vale lembrar que o carburador era importado, já que não existia uma fábrica no Brasil cuja capacidade de produção fosse capaz de atender à demanda. Os primeiros TS que saíram da linha de montagem vinham equipados com carburadores H32/35 com o segundo estágio mecânico, e só depois de algum tempo estes foram substituídos pelos a vácuo.

Para se alcançar maiores aceleração e velocidade, a relação das marchas foi mo-

O Passat TS logo se tornaria um sonho de consumo para o brasileiro. Vinha com bancos altos e reclináveis, console central com três instrumentos, volante de três raios e conta-giros pequeno entre os dois mostradores maiores.

dificada: a segunda marcha, de 2,06:1 para 1,95:1; e a quarta, de 0,97:1 para 0,94:1. Para melhorar a estabilidade e as frenagens, as rodas do Passat TS eram mais largas, com 5 pol., contra 4,5 pol. de tala nos outros modelos, e equipadas com pneus radiais mais largos, 175/70SR13. Aliás, a estabilidade sempre foi um dos pontos fortes do Passat, melhorando ainda mais nesse esportivo.

Na prática, o Passat TS ficou mais rápido, podendo alcançar a máxima de 160 km/h, e demorando apenas 13,1 s para atingir os 100 km/h. Era bem mais rápido que os concorrentes diretos, o Corcel GT e o Chevette GP. Estes números poderiam ser ainda melhores se a octanagem da

gasolina comum no Brasil, na época, fosse melhor, o que permitiria aumentar a taxa de compressão para até 9,7:1, como no modelo alemão. Se o nosso modelo tivesse esta mesma taxa de compressão, haveria sérios problemas de detonação (batida de pino, um fenômeno que pode destruir o motor), a menos que o carro fosse abastecido com gasolina de maior octanagem, chamada de azul. Mas não havia certeza de que os proprietários seguiriam eventual recomendação da fábrica a esse respeito.

Como já era previsto, ainda nesse ano a fábrica apresentou outra novidade, o Passat com a tampa traseira maior, ou terceira porta, como ficou conhecida. Na fábrica e entre as concessionárias, a versão era chamada de GH (Grossehecktür, "porta-traseira grande" em alemão). Apesar de na Alemanha serem duas ou quatro portas, no Brasil foi apresentada somente a primeira opção, chamada de Passat

Novo Passat três-portas: maior capacidade de carga. A calota era um acessório da época.

# A evolução dos modelos

três-portas em razão do tamanho da tampa traseira, também considerada, em tom de brincadeira, uma porta.

Com ele, a Volkswagen brasileira lançou no mercado brasileiro praticamente todos os modelos fabricados na Alemanha, exceto a versão Variant (perua), já que conflitaria com a Variant 1600, pois esta ainda vendia bem.

A vantagem do Passat três-portas era a maior capacidade de carga, que, com o banco traseiro rebatido e o espaço cheio de bagagem até o teto, poderia chegar a incríveis 1.000 litros. O carregamento era facilitado pela amplitude da enorme porta traseira, que era mantida aberta pela ação de duas molas a gás, uma em cada lado. Ainda uma novidade no Brasil, isso tornava os movimentos mais leves. Para suportar o maior peso da tampa traseira, foram feitas reestruturações dos componentes de sua fixação.

Exceto pela terceira porta, o carro era igual ao Passat já existente, inclusive nas mesmas versões L e LS; só não era oferecido no esportivo TS.

O Passat três-portas cumpriu sua missão com um incremento nas vendas. A procura pelo carro apresentou ligeira queda durante o ano – de janeiro a novembro foram vendidas 45.157 unidades, ante 49.079 no mesmo período de 1975. Esse cenário começou a mudar com a chegada do modelo de três portas. Houve uma reação nas vendas nos dois últimos meses do ano, e ao final do ano de 1976 haviam sido vendidas 52.272 unidades. O mercado já dava sinais pela preferência do modelo de três portas. O Corcel continuava na frente, vendendo 77.183 carros nos doze meses.

## 1977 – PASSAT LSE E 4M

Com todas as variações do Passat já lançadas nos anos anteriores, em 1977 poucas mudanças foram incorporadas. Apenas uma versão a mais passou a ser oferecida, chamada apenas de Passat, que passou a ser o carro de entrada da linha; as outras versões eram as já conhecidas L e LS.

Como mencionamos, havia dois pontos fracos no Passat, que geravam reclamações dos proprietários. Um deles era o

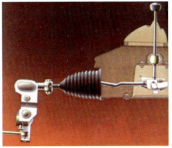

Com o novo trambulador de câmbio, a troca de marchas era feita com mais facilidade. O novo sistema provocou a elevação do túnel central, que, consequentemente, ganhou um novo console.

Novo desenho do banco da linha 1977.

câmbio com engates imprecisos, problema solucionado nesse ano pela Volkswagen com mudanças que o tornavam mais firme e "justo". Um novo trambulador e uma alavanca de mudanças menor e de melhor empunhadura permitiam que as trocas de marcha fossem feitas com mais precisão e facilidade. De problemático, o trambulador do Passat passou a ser referência na indústria. O outro problema, a suspensão barulhenta em ruas que não fossem absolutamente lisas, ainda continuava na lista de reclamações dos proprietários do modelo, em grande parte por causa das nossas ruas e estradas com pavimentação bem diferente e mais precária em relação às da Europa.

Na parte interna, algumas mudanças, como novos padrões de costura dos bancos e novas cores harmonizando com os detalhes do interior. A mudança do mecanismo de engate das marchas provocou uma elevação do túnel central, criando-se um console, que foi instalado em toda a linha – exceto no TS, que contava com um mais completo e com três instrumentos – e envolvia a alavanca de câmbio, além de ser usado como um útil porta-objetos.

O novo console central, com três instrumentos – voltímetro, manômetro de óleo e relógio –, completava, com o conta-giros instalado no centro, entre o velocímetro e o instrumento combinado, a instrumentação esportiva interna do TS. O interior passou a ser monocromático, em bege ou preto, dependendo da cor do veículo. O console era novo, graças à já citada elevação do túnel central.

Outras mudanças menores foram: iluminação nos botões de comando, lâmpada de controle para o duplo circuito de freios e instalação do extintor de incêndio na parte interna do carro por determinação do Conselho Nacional de Trânsito, mais acessível em caso de emergência, já que antes ele se localizava no porta-malas. A luminosidade de todos os instrumentos era controlada por um reostato.

# A evolução dos modelos

No motor, a taxa de compressão foi aumentada (com exceção do TS) de 7:1 para 7,4:1, a potência não aumentou, mas o carro ficou mais ligeiro, acelerando melhor e atingindo a velocidade máxima de 152 km/h.

O TS já era um sucesso no mercado e nesse ano, como esperado, não sofreu grandes mudanças, por falta de tempo para tal. Externamente, ganhou novas faixas laterais, agora mais grossas e na parte inferior do veículo, e frisos da soleira cromados abaixo delas. A soleira, que antes era pintada de preto, agora seguia a cor do carro.

Enquanto isso, dentro da fábrica, novos produtos continuavam colocados à prova. A imprensa especializada flagrava testes com um Passat alemão de cinco portas, além de outro equipado com câmbio automático. Esse tipo de câmbio já era oferecido em toda a linha Passat nos Estados Unidos e na Alemanha, e no Brasil provavelmente seria disponibilizado como opcional.

Mas a onda de boatos não parava por aí. Havia informações de que o Passat perua talvez substituísse a Variant – além de outros equipados com motor a diesel – e que já passava por testes na fábrica, embora dificilmente viesse a sair da fase de protótipo, por falta de aprovação do governo para sua fabricação. Em meados de 1976, havia sido baixada uma portaria pelo Conselho Nacional do Petróleo que proibia veículos de passeio movidos a diesel; apenas caminhões, ônibus e picapes com capacidade de carga para 1 tonelada ou veículos com tração 4x4 e reduzida poderiam utilizar este combustível subsidiado pelo governo, de preço obviamente mais baixo.

Na metade do segundo semestre, fotógrafos das revistas especializadas flagraram um Passat diferente, com frente e traseira modificadas, provavelmente um protótipo da futura reestilização da linha. Se algum destes projetos vingaria no Brasil, só o futuro poderia responder.

Novidade mesmo só chegaria no final do ano, com o lançamento da versão superluxo, destinada a um público mais exigente, o Passat LSE (Luxo Super Executivo),

Para o Passat TS 1977, a única mudança foram as novas faixas laterais.

O Passat LSE, carro mais luxuoso, vinha com quatro faróis, igual ao TS.

que ficou conhecido como Passat Executivo. Aliás, logo carros menores de alto luxo se tornariam moda no mercado brasileiro; o Corcel já possuía a versão LDO e o Dodge 1800, posteriormente batizado de Polara, lançaria o GLS em 1979.

O Passat LSE era um modelo LS de quatro portas dotado de alguns detalhes que lhe conferiam mais luxo, como vidros esverdeados – que, além de elegantes, funcionavam como filtro solar, mantendo a temperatura interna um pouco abaixo da externa – e vidro traseiro com desembaçador elétrico. A frente era igual à do TS, ou seja, com quatro faróis e para-choques com uma lâmina de borracha que protegia em pequenas batidas. Na lateral, apenas um friso cromado foi instalado abaixo da porta, e na traseira, um emblema "Passat LSE" identificava o modelo. As rodas também tinham a tala mais larga, a mesma do TS, com os pneus 175/70SR13 deste.

Internamente, mais luxo. O banco traseiro vinha com dois encostos para a cabeça e um descansa-braço escamoteável no meio, transformando o banco traseiro em duas confortáveis poltronas quando abaixado. No teto, luzes para leitura, tipo avião (uma de cada lado). O carro foi feito para transportar, com todo o conforto, apenas quatro pessoas, mas poderia perfeitamente levar, ainda que de forma menos confortável, um eventual quinto passageiro, desde que o descansa-braço traseiro estivesse recolhido no encosto – mas sem mimos, como encosto para cabeça e luz de leitura.

Por incrível que pareça, o encosto de cabeça para os bancos da frente era apenas opcional. O encosto do banco era reclinável, mas a Volkswagen ainda não fabricava o sistema de ajuste contínuo, e sim por meio de mecanismo de setor dentado, que limitava apenas a algumas posições até o encosto deitar-se totalmente, obedecen-

# A evolução dos modelos

do aos dentes existentes no setor, o que causou críticas por se tratar de um carro de alto padrão. Como opcionais, havia ar-condicionado e pintura metálica.

O painel era o mesmo do TS, com conta-giros entre os dois mostradores principais e três instrumentos no console central (relógio, voltímetro e manômetro de óleo). O volante tinha um novo desenho – igual ao do alemão –, que, apesar de ser parecido com o antigo, dispunha de um novo botão de buzina, que em 1978 seria comum em toda a linha. O interior era monocromático, com duas opções de cores: preto e castor.

Uma interessante versão foi oferecida em dezembro de 1977, o 4m, uma série especial de apenas 1.000 unidades, produzidas em comemoração aos 4 milhões de

O interior do LSE contava com encosto para a cabeça no banco traseiro, descansa-braço no mesmo encosto e luz de leitura tipo avião; o vidro traseiro vinha com desembaçador.

Um raro Passat 4m: apenas mil unidades foram fabricadas, para comemorar os 4 milhões de Volkswagens fabricados no Brasil.

O Passat 4m vinha com interior em tons marrons. No exterior, as rodas eram pintadas na mesma cor da carroceria.

Volkswagens produzidos no Brasil. Hoje, esse modelo é muito raro e disputado por colecionadores. Sem dúvida, uma peça interessante em qualquer coleção.

Feitos a partir da versão LS, carregavam os mesmos faróis e grade do TS, mas com lâmpadas halógenas amarelas. A cor era cinza-grafite metálico, com as molduras dos vidros e a parte da tampa traseira em preto fosco. As rodas eram da mesma cor da carroceria. No interior, excelente acabamento com forração monocromática em tons de marrom.

As vendas do Passat continuavam aumentando. Nesse ano, 1977, foram vendidas 67.168 unidades, sendo que a grande maioria foi da versão três-portas (50.650). Praticamente empatado com o Corcel, que vendeu 67.770 carros movido pela novidade que foi o Corcel II.

## 1978 – PASSATS ESPECIAIS

Para o ano de 1978, a linha Passat permaneceu praticamente inalterada. A única novidade foi a criação de uma versão mais despojada, chamada Passat Surf, que, como o próprio nome sugeria, era uma tentativa da Volkswagen de atingir o público mais jovem.

O Passat Surf era um carro simples com atributos esportivos, destinado a quem sonhava comprar um TS, mas não tinha dinheiro para tanto. No mercado brasileiro, já havia ocorrido fato semelhante na Chrysler, com o Dodge SE, versão espartana do Dart com características esportivas, que visava o público que desejava ter um Dodge Charger R/T, então o carro mais caro da linha, mas não dispunha dos recursos financeiros necessários.

# A evolução dos modelos

Por fora, o Surf vinha com para-choques, frisos, maçanetas e espelhos laterais pintados de preto. Havia também dois logotipos reflexivos pintados de vermelho, um na grade da frente e outro na traseira, do lado direito do porta-malas. As cores da carroceria disponíveis eram amarelo, bege e branco. Já as rodas eram as mesmas do resto da linha, só que pintadas de cinza-grafite, cor que virou modismo na época – muitos proprietários compravam a tinta em spray para pintar a roda nesta cor e exibir com orgulho seu carro com "rodas grafite".

Internamente, os bancos e as laterais também eram diferentes. Os tecidos vinham com desenho quadriculado em vermelho, azul ou preto, e os bancos dianteiros tinham encostos altos e eram reclináveis, provando que o carro também dispunha de uma pequena dose de luxo. O painel era igual ao dos outros Passats, só que sem o revestimento que imitava jacarandá e apenas com os instrumentos básicos. Do lado direito havia os dizeres "Surf", e o console à frente da alavanca de câmbio foi mantido. Os cintos de segurança eram mais simples, presos em apenas dois pontos, apenas diagonais, sem a tira subabdominal.

A parte mecânica não sofreu nenhuma modificação, utilizando o mesmo motor de 1.471 cm³, com desempenho semelhante ao dos outros Passats, apenas mais lento que o TS, que tinha motor de maior cilindrada.

Com o intuito de baixar custos, a Volkswagen pensou em lançar o Surf com pneus diagonais no lugar dos radiais, informação que constava nos manuais do proprietário. Mas pouco antes do lançamento oficial a empresa mudou de ideia e disponibilizou, como no restante da linha, apenas o radial, com certeza uma atitude acertada.

Quanto ao preço, o Surf era em média 5% mais caro que o Passat básico e 2% mais caro que o L. Em compensação, era 15% mais barato que o TS.

Passat Surf, um carro destinado ao público jovem, como mostra a propaganda.

O TS, assim como o restante da linha, não sofreu mudanças em 1978.

Se a Volkswagen apresentou poucas novidades durante o ano, o mesmo não se pode dizer em relação a algumas versões interessantes do Passat feitas por empresas particulares. Para transformar o Passat em um exclusivo esportivo, bastava levar o veículo, que poderia ser o LS ou TS, usado ou novo, para a cidade paulista de Araraquara e pedir a adaptação ao já conhecido e competente Rino Malzoni, criador do GT Malzoni com mecânica DKW-Vemag e do protótipo FNM Onça, entre outros clássicos modelos esportivos nacionais.

O carro ganhava nova frente, com faróis quadrados do Dodge 1800 Polara, além de para-lamas e capô dianteiros alongados, feitos de compósito de plástico reforçado com fibra de vidro, ou seja, a parte da frente do carro era maior que no Passat original. Em contrapartida, a traseira era encolhida, deixando o veículo do mesmo tamanho. Depois de pronto, até parecia outro carro, um típico três-volumes, já que perdia a traseira estilo fastback.

Quem visse o carro pela primeira vez dificilmente diria se tratar de um Passat, já que até o logotipo da grade do motor foi trocado pelo emblema Malzoni. Os únicos indícios que denunciariam ser o carro da Volkswagen eram as lanternas traseiras e o painel de instrumentos, que não sofreram mudanças. A parte mecânica também se manteve original. O resultado final era

um belo carro, que chamava muito a atenção onde quer que passasse.

Outras adaptações interessantes eram realizadas pela Dacon (sigla de Distribuidora de Automóveis, Caminhões e Ônibus), uma importante e destacada concessionária Volkswagen da capital paulista, além de ser o representante exclusivo da Porsche para o Brasil. A Dacon transformava o Passat numa limusine, com aumento de 25 cm na distância entre eixos. Com isso, a distância entre os bancos dianteiros e traseiros era bem maior. Evidentemente, este tipo de veículo seria destinado principalmente a pessoas que tivessem motorista particular.

Outra adaptação feita pela Dacon foi a alteração da traseira do Passat LS de duas e quatro portas, transformando-os em perua, com uma porta de carga traseira abrindo-se no estilo Variant ou Belina.

Nenhuma dessas transformações era barata – os modelos chegavam a custar o dobro de um Passat normal –, mas valiam a pena para quem tinha uma conta bancária gorda e queria adquirir um carro que poucas pessoas tinham.

A Dacon passou a ser uma importante empresa na área de transformação de veículos, graças à proibição da importação de automóveis no Brasil em 1976. Futuramente, seria responsável pela mais cobiçada mudança no Passat, que daria origem aos chamados "Passat Dacon".

Logo nos primeiros anos de seu lançamento, o Passat já era equipado pela Dacon com volante esportivo da marca inglesa Moto-Lita, teto solar de lona, conta-giros e outros instrumentos no console, vidros elétricos, bancos em couro, encostos altos e, ainda, uma preparação mecânica com carburadores Weber italianos e comandos de válvulas especiais para mais potência. Além disso, contava com detalhes externos diferenciados, como frisos pintados de preto fosco, sobrearos cromados nas rodas e lanternas tipo exportação com piscas na cor âmbar. Outros modelos Volkswagen também eram personalizados, como o SP2 e o Brasília.

O modelo de visual mais ousado era o 180S. Com profundas modificações na carroceria, tinha na traseira um enorme vidro arredondado, ou vidro-bolha, como ficou conhecido. Havia ainda o 180D, com carroceria em três volumes, de porta-malas destacado e lanternas traseiras do Brasília; e o 180T, uma versão Targa do três-volumes na qual o Passat tornava-se quase um conversível. Outras

Passat Dacon 180S, com o característico vidro bolha na tampa traseira.

# A evolução dos modelos

Algumas variações do cobiçado Passat Dacon.

versões interessantes foram a perua e a Break, com duas ou quatro portas, esta com teto mais alto para os passageiros do banco traseiro.

O Passat Dacon poderia ter motores preparados em diversos níveis e cilindradas, de 1,5 até 1,8 litro, de acordo com a necessidade do comprador, assim como diversos acessórios oferecidos, como bancos em couro, vidros elétricos, teto solar, rodas em liga leve etc. Havia a opção de cores exclusivas, muitas do catálogo dos modelos da Porsche.

Esses modelos se tornaram objeto de desejo da juventude carente de novidades importadas e estiveram nas garagens de poucos privilegiados, sendo hoje procurados e disputados por colecionadores e fãs.

As vendas continuavam aumentando: em 1978, foram vendidos 73.381 Passats, um acréscimo de 10% em relação a 1977. Já o Corcel vendeu 84.680 unidades.

## 1979 – UM ANO DE MUDANÇAS

No XI Salão do Automóvel, em outubro de 1978, a Volkswagen apresentou a linha Passat 1979 em sua primeira reestilização. A principal mudança foi na dianteira, com faróis retangulares e luzes direcionais (piscas) na cor âmbar nas extremidades e envolventes. Esse tipo de disposição de faróis era um modismo europeu, incorporado por seus concorrentes mais diretos, o Corcel II e o Polara.

A nova linha 1979 foi apresentada no Salão do Automóvel no fim de 1978.

A grade também era nova, com o emblema da Volkswagen no centro e um friso central horizontal que ia de um farol a outro. Nas extremidades dos para-choques foram colocados protetores, ponteiras de plástico chamadas polainas que chegavam até o recorte do para-lama. Depois da Volkswagen, outros carros ganhariam este adorno, que ditou moda. Os outros detalhes externos foram mantidos, exceto o espelho retrovisor, agora na cor preta em plástico ABS – os antigos eram de metal. E, com a nova frente, o fecho do capô passou a ser único, uma regressão indesculpável.

Internamente, mais novidades. Os bancos foram redesenhados e eram revestidos de tecido (bancos de veludo) que podia ser azul, marrom ou preto, em interior monocromático. As laterais das portas foram redesenhadas, ganhando novo descansa-braço e porta-objetos; o tapete era inteiriço de buclê, isto é, o carro tinha carpete de melhor qualidade, agora dividido em oito partes – e não mais onze – para formar o conjunto. O banco dianteiro com encosto alto ainda era opcional.

O volante ficou menor e com melhor empunhadura, totalmente espumado, facilitando as manobras, já que não mais raspava nas pernas do motorista, mas o botão da buzina manteve-se igual ao do ano anterior. O painel de instrumentos vinha numa só cor, e o velocímetro foi reestilizado e mudou de posição, passando para o lado direito. À esquerda, o outro mostrador grande, incorporando termômetro de água, nível de combustível e várias luzes-espia. Por fim, a manopla de câmbio modificada, inspirada na pega dos tacos de golfe.

Visualmente, a maior mudança foi na frente: novos faróis e nova grade.

## A evolução dos modelos

À esquerda: novas forrações das portas, com porta-objetos e descansa-braço. À direita: os bancos foram redesenhados, mas o encosto alto era opcional.

Na parte mecânica, a Volkswagen corrigiu o último "defeito" que ainda restava no Passat, eliminando quase completamente os ruídos em terrenos irregulares, graças a novos ajustes da suspensão. Com isso, o carro rodava macio sem comprometer sua ótima estabilidade, um de seus pontos altos desde o começo.

O Passat TS recebeu a mesma reestilização, mas perdeu um pouco do visual esportivo, já que as diferenças em relação aos outros Passats não eram tão expressivas. Na frente, abaixo do para-choque, o TS ganhou um defletor de plástico reforçado com fibra de vidro na cor preta, solução mundialmente usada na época, que, além de um visual mais ousado, melhorava a penetração no ar. No caso do TS, isso tinha mais função estética que aerodinâmica. Outras diferenças: pintura preta na carroceria, abaixo das portas, friso autoadesivo na lateral, de uma caixa de roda a outra, emblema "TS" reflétivo e vermelho aplicado na grade dianteira e na tampa do porta-malas e faixa preta autoadesiva na moldura das janelas.

O painel recebeu as mesmas mudanças do resto da linha, e o conta-giros continuava pequeno entre os dois mostradores principais. Logo abaixo dele, um adesivo com o esquema de mudanças

Novidades da linha 1979: volante, velocímetro do lado direito e manopla de câmbio tipo taco de golfe.

de marcha, outro item tornado obrigatório pelo Conselho Nacional de Trânsito. Na frente da alavanca de câmbio, os tradicionais três marcadores, relógio elétrico, voltímetro e vacuômetro, este último substituindo o útil manômetro de óleo. O motivo dessa troca é desconhecido, mas acredita-se que tenha sido a preocupação dos motoristas com o consumo de combustível numa época em que havia medidas governamentais para contê-lo, inclusive com portaria que proibia o funcionamento de postos de gasolina das 20h às 6h e nos fins de semana, e estabelecia limite de 80 km/h nas estradas de todo o país.

Passat TS, agora com visual menos esportivo.

# A evolução dos modelos

O volante era novo, com o diâmetro reduzido, espumado e de boa empunhadura. Seu desenho tinha uma capa central em formato trapezoide e dela saíam quatro raios – dois horizontais e dois em "V" invertido – com a tecla de buzina em todos, sempre ao alcance das mãos. Esse volante foi um sucesso, tendo sido comprado por muitos proprietários de outros Volkswagens. O rádio AM/FM era item de série e o luxo interno era equivalente ao do LS, nas mesmas três cores. O TS possuía uma extensa lista de opcionais, entre eles ar-condicionado, aquecimento, vidros esverdeados, vidro traseiro com desembaçador elétrico, lâmpadas halógenas e pintura metálica. A mecânica era igual à dos anos anteriores, com motor de 1.588 cm³, cujo desempenho também se manteve inalterado.

O Passat Surf também sofreu as mesmas mudanças externas do resto da linha, e continuou sem cromado e com rodas pintadas de grafite. A carroceria tinha seis opções de cor, nenhuma metálica.

Internamente, o acabamento ficou melhor, mais bem-acabado e discreto. Os antigos bancos com tecido quadriculado foram substituídos por novo revestimento de buclê, somente na cor preta, mesmo material das laterais. Os bancos dianteiros vinham com encosto alto e reclinável pelo velho sistema de setor dentado. As maçanetas eram novas e feitas de plástico, e o tapete de borracha que revestia o porta-malas agora vinha com quatro botões de pressão, o que evitava o deslizamento. No geral, o carro era mais simples que o resto da linha. O espelho retrovisor interno não dispunha do dispositivo tipo dia e noite, o sistema de ventilação não contava com ar quente e o lavador do para-brisa era acionado por uma bomba de pé, enquanto nos outros era elétrico. Além disso, o

À esquerda: painel do TS com novo volante.
Acima: novos mostradores no console central.

Passat Surf, o mais barato da linha.

Os para-choques foram redesenhados e ganharam polainas laterais em plástico. Nas fotos, o modelo LS.

Em 1979, a Volkswagen comemorou o Passat nº 300.000.

repetindo os anos anteriores, o Surf e o TS estavam disponíveis apenas na versão duas-portas, e o LSE somente na quatro-portas.

As novidades na linha surtiram efeito, já que no ano de 1979 houve um grande crescimento na linha Passat. Foram vendidos quase 100.000 carros, mais precisamente 99.005, a maior venda anual alcançada pelo Passat durante sua história. E também pela primeira vez vendeu mais que o Corcel II, seu principal concorrente, com 88.235 unidades.

Surf era o único que não ganharia a nova manopla da alavanca de câmbio tipo taco de golfe, ficando com a antiga, redonda.

Nesse ano, 1979, a linha Passat apresentava menos opções ao consumidor, já que a versão básica e a L deixaram de ser oferecidas, ficando a LS, a TS, a LSE e a Surf – a mais barata da linha. No caso do LS, havia as opções de duas, três e quatro portas. E,

A evolução dos modelos

## 1980 – VERSÃO A ÁLCOOL

No ano de 1980, ocorreram dois fatos importantes para a Volkswagen, um na Alemanha e outro no Brasil, que num primeiro momento em nada influenciavam o Passat nacional, mas que, anos depois, foram decisivos, como será visto mais adiante. Em nosso país, foi o lançamento do Gol, virtual substituto do Fusca. A primeira versão do carro saiu com o famoso motor refrigerado a ar de 1.300 cm³, pela primeira vez instalado na dianteira, mas o seu fraco desempenho apressou a Volkswagen a trocar o motor pelo 1600 já no ano seguinte. Nascia aí um dos maiores fenômenos de venda no Brasil, que continua em produção até os dias de hoje, em sua quinta geração, e que é o líder absoluto de vendas há 25 anos.

Na Alemanha, o Passat sofria grandes mudanças e foi classificado como de segunda geração, quando recebeu uma carroceria maior e mais moderna, com três e cinco portas. No ano seguinte, ganhou a versão perua e a três-volumes, que recebeu o nome de Passat Santana. Futuramente, ele seria fabricado no Brasil usando somente o nome Santana.

Enquanto isso, a linha Passat no Brasil permanecia praticamente inalterada, à exceção do oferecimento de novas cores, inclusive uma cor metálica opcional para o Surf (cinza-grafite). As mudanças reservaram-se à parte interna,

Gol: lançamento da Volkswagen nasceu como um grande sucesso de vendas e uma ameaça ao futuro do Passat.

Na Alemanha, a linha Passat foi totalmente reformulada; no Brasil, a versão três-volumes recebeu o nome de Santana.

Externamente, nenhuma mudança no Passat em 1980. Acima: o TS. Abaixo: o LS.

## Clássicos do Brasil

para abrir o carro, mas também complicou a vida do motorista que fechasse o carro com o pino abaixado e com a chave dentro, ocorrência comum à época.

Seguindo a tendência de toda a indústria automobilística brasileira, em 1980 o Passat passou a ser oferecido na versão a álcool, ainda de forma tímida e com muita desconfiança do consumidor, já que se tratava de uma novidade no nosso mercado. O motor era o 1,5-litro, modificado para que pudesse funcionar com o novo combustível, oriundo da cana-de-açúcar. Ou seja, na versão a álcool, todos os carros, inclusive o TS e o LSE, vinham com motor 1,5.

Como o álcool hidratado possui uma resistência à detonação bem maior que a gasolina, a taxa de compressão do motor pôde ser aumentada para 10,5:1,

com nova tonalidade de azul nos bancos e nas laterais, e bancos dianteiros com apoio para cabeça removível e regulável, que era de série para o Surf e o TS e opcional para as outras versões – nesse ano, o antigo banco alto deixou de ser oferecido. O pino-trava interno das portas também mudou, adquirindo um formato cônico. A alteração dificultou um pouco a ação de ladrões que utilizassem ganchos

# A evolução dos modelos

contra 7,4:1 do motor a gasolina, por meio de rebaixamento do cabeçote e do uso de pistões de cabeça plana em vez de côncava.

Outras diferenças incluíam: coletor de admissão aquecido por intermédio de uma câmara por onde passava água quente do sistema de arrefecimento, com o intuito de preaquecer a mistura ar-álcool antes de entrar nos cilindros, bobina de alta potência e velas de gama térmica mais alta (mais quentes). O avanço inicial e a curva de avanço de ignição eram diferentes, e o carburador vinha com nova calibração, específica para o álcool e seu menor poder calorífico. Tudo para máximo aproveitamento das características físico-químicas do álcool.

O principal problema do álcool era sua alta corrosividade, por isso o carburador vinha com tratamento anticorrosivo, um banho químico para proteger as partes em contato com o combustível.

Para o motorista, havia diferenças na partida a frio, que exigia dele certa habilidade e tempo para se acostumar com o novo sistema. Para ligar o carro nessas condições (temperatura ambiente abaixo de 14 ºC), o motorista não podia pisar no acelerador e precisava puxar o afogador até o final antes de dar partida. Ao fazê-lo, era preciso apertar simultaneamente um botão localizado ao lado do interruptor de luzes, cuja função era injetar gasolina no carburador. Tratava-se do sistema auxiliar para partida a frio. Mesmo com todos esses cuidados, o motor podia demorar até alguns segundos para pegar.

Depois que o motor estivesse em funcionamento, esperava-se no mínimo 20 s para acelerar – e com calma, senão ele poderia morrer. Ao sair com o carro, a aceleração deveria ser sempre suave até que o motor atingisse a temperatura ideal, o que podia demorar alguns minutos.

No processo de aquecimento do motor, chamava a atenção a água que saía pelo escapamento – um dos produtos resultantes da queima da mistura ar-álcool – e que, após o sistema de escapamento atingir alguma temperatura, passava para o estado gasoso, virando vapor d'água, que, entretanto, desaparecia com o motor plenamente aquecido. Processo igual ao dos motores a gasolina, só que bem mais demorado. Com isso, a corrosão do escapamento era maior, principalmente para quem usasse o carro principalmente em pequenos percursos, como uma ida ao supermercado próximo de casa.

Primeiro motor Volkswagen a álcool foi o do Passat, apenas na versão 1,5.

Primeiros testes com o Passat a álcool.

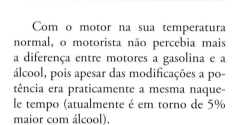

Em 1980, a indústria automobilística dava seus primeiros passos na criação de veículos a álcool, que em breve se tornariam preferência nacional.

Com o motor na sua temperatura normal, o motorista não percebia mais a diferença entre motores a gasolina e a álcool, pois apesar das modificações a potência era praticamente a mesma naquele tempo (atualmente é em torno de 5% maior com álcool).

Naquela época, o carro a álcool representava uma boa vantagem financeira, já que o combustível custava em média 42% menos que a gasolina e o consumo do carro a álcool era 30% maior, ou seja, compensava muito no bolso do consumidor. Além disso, era um combustível mais limpo e renovável, cujo preço dependia apenas de fatores internos, ou seja, não era sujeito às crises mundiais.

Na edição de outubro de 1980, a revista *Quatro Rodas* fez um interessante teste com um Passat de corrida, usando um modelo preparado para a categoria Divisão 3, que se referia a carros preparados, mas de custo relativamente baixo por serem proibidos componentes importados. Essa matéria serviu para matar a curiosidade do leitor em saber quanto o motor de um Passat TS podia render em seu máximo.

Como se tratava de um veículo de corrida, algumas modificações foram necessárias. Visando à diminuição de peso, houve a remoção de itens supérfluos, como bancos e forrações, e a substituição dos vidros laterais e traseiro por acrílico transparente. Para a segurança do piloto, na parte interna foi instalada uma gaiola de segurança, de aço, o chamado santantônio.

Por fora, o bólido vinha com para-lamas alargados para o uso de rodas e pneus mais largos, estes do tipo slick, sem sulcos, capô dianteiro com travas de segurança e saídas de ar sobre o radiador para ajudar na refrigeração do motor. Havia também dois defletores: um na frente, logo abaixo da grade e rente ao chão, e outro na traseira. Sua função era permitir uma melhor penetração aerodinâmica.

A suspensão era rebaixada e reforçada. Já o motor, era o mesmo do Passat TS com alguma preparação, por exemplo, comando de válvulas Schrick alemão, dois carburadores Weber DCOE 45 italianos, alimentação feita por duas bombas elétricas Bendix e bobina de alta potência. Já o câmbio era substituído por outro de cinco

O Passat de corrida, testado pela revista *Quatro Rodas*, chegou a 200 km/h no circuito de Interlagos, em São Paulo.

A evolução dos modelos

marchas, que aproveitava melhor a potência do motor. Como resultado, o Passat era capaz de chegar a uma velocidade máxima de até 200 km/h na grande reta de Interlagos e demorava apenas 11,5 s para atingir os 100 km/h (contra 15,3 s do TS normal).

Os consumidores comuns do Passat que gostassem de velocidade e tivessem uma conta bancária mais polpuda podiam fazer algumas dessas modificações no motor e exibir orgulhosos seus bólidos pelas ruas e estradas, causando sempre admiração por onde passassem.

As vendas no ano sofreram uma pequena queda. Foram comercializados 94.907 carros, sendo 27.136 a álcool. Mais uma vez, ganhou do Corcel II, com 78.848 unidades vendidas no total.

## 1981 – PASSAT SÉRIE ESPECIAL

Neste ano, o Passat começou a sentir o peso da idade e, apesar de ainda ser um carro relativamente moderno, já começava a sucumbir em relação aos concorrentes. O Corcel II contava, já há algum tempo, com o motor 1,6, ou seja, o desempenho aproximava-se ao do Passat 1,5, as versões movidas a álcool se adaptavam melhor ao novo combustível e ofereciam melhor consumo. A Ford lançou ainda um novo veículo, uma versão refinada e luxuosa chamada Del Rey, que rapidamente conquistou o mercado. Além disso, o Del Rey possuía diversos acessórios que nunca foram oferecidos no Passat, como vidros e travas elétricas, um lindo e completo painel de instrumentos, relógio digital no teto e teto solar. Pelos lados da GM, já estavam em fase final de projeto o seu carro mundial, para disputar a mesma faixa de mercado do Passat, ainda chamado de "Projeto J", que logo daria origem ao moderno e cobiçado Monza.

Mesmo em sua própria casa, o Passat começava a ficar em segundo plano. O recém-lançado Gol já era um sucesso de vendas, com grandes perspectivas futuras para uma família de novos produtos, ganhando mais atenção por parte da fábrica.

Em 1981, o Passat começou a perder fôlego no mercado; na foto, o Surf.

*Passat Série Especial: foram fabricadas 1.200 unidades com motor 1,6; hoje são verdadeiras raridades.*

Aquelas versões que no Passat só ficaram na promessa, ou que eram realizadas por concessionários independentes como um fora de série, já haviam se tornado realidade na linha Gol. A versão três-volumes, cujo nome era Voyage, foi lançada no final de 1981, e vinha equipada com o mesmo motor do Passat. Já a versão perua estava em testes e em breve ocorreria seu lançamento, que daria origem ao grande sucesso Parati e logo depois à picape do Gol, chamada de Volkswagen Saveiro. O próprio Gol já vinha equipado com um motor mais potente, agora um 1600, mas ainda tinha o antigo boxer com refrigeração a ar, usado também na Saveiro.

No segundo semestre, o Passat obteve mais destaque, ganhando uma série limitada Passat Série Especial. Segundo a fábrica, seriam produzidas apenas 1.200 unidades do carro, que trazia como maior novidade o motor 1,6 do TS e do LSE, mas com a diferença de que estes vinham com carburador de corpo duplo e, no Série Especial, o carburador era monocorpo.

Externamente, o Série Especial se diferenciava dos outros Passat nos seguintes itens: pintura metálica (verde ou cinza), para-choques pintados na cor do carro, rodas mais largas (iguais às do TS) com calota cromada no centro e pneus radiais 175-70SR13, friso de borracha com filete prateado na lateral inferior da carroceria, logotipo "1.6" aplicado no para-lama dianteiro, farol com lâmpadas halógenas, vidro traseiro esverdeado com desembaçador e ponteira do escapamento cromada. Havia também novas polainas sanfonadas com detalhe reflexivo (olho de gato). Aliás, essas polainas causaram opiniões divergentes, e alguns acharam sua aparência cafona. Na verdade, elas imitavam os carros americanos da época que, pela legislação local, eram obrigados a usar para-choques retráteis, capazes de suportar batidas de até 8 km/h sem amassar. No Brasil, este tipo de polaina já era utilizado nos Passats

*Novo Voyage da família Gol, considerado por muitos no mercado como o virtual substituto do Passat.*

# A evolução dos modelos

modificados pela Dacon, desenhado por Anísio Campos, e que acabou ditando moda, tendo sido vendido em diversas lojas de acessórios.

Por dentro, muito luxo, já que o carro vinha com rádio AM/FM estéreo e toca-fitas, porta-malas acarpetado, cintos de três pontos retráteis – novidade para a Volkswagen –, laterais e bancos em tecido preto tipo navalhado, inclusive no apoio para a cabeça. Além disso, o carro tinha assoalho acarpetado do tipo pré-moldado e inteiriço, que, em vez de ser dividido em oito partes, como o antigo,

Momento histórico: em 1981, a Volkswagen comemora a produção do Passat nº 500.000, já considerado um fenômeno de vendas.

era dividido em duas, a dianteira e a traseira. Esse novo carpete estava disponível em toda a linha nesse ano, mas o ar-condicionado era item opcional.

No mercado, as vendas do Passat sofreram forte queda, totalizando 52.022 unidades comercializadas. Houve também uma mudança no gosto do consumidor, já que as versões de duas e quatro portas eram preferência em relação à de três portas. Havia muitas reclamações sobre o barulho da terceira porta depois de algum tempo de uso, criando-se uma rejeição do mercado a essa versão de carroceria e desvalorizando-a no mercado de carros usados. As versões a gasolina ainda vendiam mais. Pelos lados da Ford, o Corcel II também não vendeu bem, (45.404 unidades), só que parte dos compradores migrou para o Del Rey, que comercializou 20.394 carros de agosto a dezembro desse ano.

A propaganda do Passat Série Especial mostrava todos os seus itens exclusivos.

# 1982 – O GOLPE DO MONZA

Com o lançamento do Gol e do Voyage, junto com o já veterano Passat, a Volkswagen dispunha de uma gama de carros para os mais variados gostos e bolsos, mas entrava num certo compasso de espera para sentir a reação do público antes de tomar decisões em relação ao futuro e a possíveis modificações em seus produtos.

Algumas decisões, no entanto, já haviam sido tomadas. Na linha Passat, o motor 1,5 não era mais oferecido, uma vez que o consumidor recebera muito bem o motor 1,6 que equipou o Passat Série Especial do ano anterior, que era mais adequado para enfrentar a concorrência, já que o Corcel possuía motor desta cilindrada (exatos 1.555 cm³) desde 1981. A linha Passat continuava com as mesmas versões: LS, LSE e TS. Apenas o Surf não era mais oferecido.

Como sabido, o Voyage vinha equipado com o motor do Passat 1500, e acabou de alguma forma beliscando alguns compradores. Era um acontecimento relativamente comum um comprador entrar na loja pensando em comprar um Passat e sair com um Voyage zero-quilômetro, motivado principalmente pelo fator novidade. Apesar de este último ser 23 cm menor em comprimento, o seu espaço interno era semelhante ao do Passat. Até corria um boato de que o Voyage seria seu futuro substituto.

O Gol com motor 1,6 "a ar" já era um enorme sucesso de vendas, e estava nos planos da fábrica equipá-lo futuramente com o mesmo motor do Voyage.

Dentro da Volkswagen, novos rumos poderiam ser tomados em relação ao Passat, já que foram flagrados pela imprensa especializada testes com o veículo importado da Alemanha. Como já foi dito, era a segunda geração e com carroceria maior, só que isso exigiria um alto investimento, que na época talvez não obtivesse o retorno desejado.

Outra opção seria conduzir uma reestilização no Passat já existente, na tentativa de modernizá-lo. Caso isso ocorresse, a Volkswagen poderia optar por lançar o novo Passat no futuro, só que na versão três-volumes, ou seja, o Santana, que fazia

Em 1982, toda a linha Passat vinha equipada com motor 1,6; na foto, o modelo LS.

# A evolução dos modelos 81

grande sucesso na Alemanha e que entraria no mercado brasileiro para concorrer principalmente com o Del Rey e os Opalas Comodoro e Diplomata de 4 cilindros.

Enquanto nada disso acontecia, a linha Passat continuava sem modificações. A única novidade era a versão a álcool, que passou a ser 1,6-litro, substituindo a antiga 1,5. Qualquer Passat a álcool vinha com este motor de maior cilindrada, se estendendo para o Voyage. Assim, a Volkswagen aposentava o motor 1,5 a álcool. A demora em fazer o motor 1,6 a álcool devia-se ao carburador, que era importado e em baixo número. Depois do acordo com a empresa nacional Wecarbrás, que ficou responsável pela fabricação dos carburadores Weber, a Volkswagen conseguiu desenvolver tal motor. Para melhorar sua vida útil, o carburador recebeu uma camada interna de níquel, que resistia melhor à corrosão.

Como já sabido, o álcool era um combustível mais corrosivo que a gasolina, sendo assim, a fábrica promoveu novidades a fim de aumentar a vida útil dos componentes da alimentação do motor. A bomba de gasolina vinha revestida internamente com cádmio e o filtro de combustível não tinha mais componentes metálicos oxidáveis. Foi instalado um sistema de captação de ar aquecido, pelo coletor de escapamento, para ser admitido no motor, melhorando bastante seu funcionamento, com maior economia de combustível, pois o volume

Novo sucesso no mercado, o Chevrolet Monza era concorrente direto do Passat.

de combustível na bomba de aceleração do carburador podia ser menor agora.

Conforme esperado, a GM lançou no mercado o seu carro mundial, o Monza, inicialmente na versão hatchback de duas portas com motor transversal de 1,6 litro. Esse novo carro era mais moderno que o Passat, mas com desempenho inferior, tanto em velocidade máxima como em aceleração. Isso foi notado pela General Motors, que já no final do ano disponibilizava o motor de 1,8 litro, mais de acordo com o concorrente da Volkswagen.

No mercado brasileiro, o lançamento do Monza representou um sucesso imediato de vendas, e foi um duro golpe para o Passat. Só para se ter uma ideia, as vendas voltaram a cair para 43.363 unidades no ano; o Corcel vendeu 41.943 carros e o Del Rey, 30.070. Por se tratar de um carro de luxo e caro, o resultado foi ótimo. Já o Monza, de abril a dezembro, vendeu 33.745 carros e demonstrava um enorme fôlego para crescimento no mercado nacional.

# 1983 – MUDANÇAS E MAIS BOATOS

O brasileiro era apaixonado por velocidade, e o Passat sempre satisfez seu proprietário nesse quesito. Mas, em 1983, a realidade era outra. Graças aos tempos bicudos das duas crises do petróleo (1973 e 1979), que já duravam alguns anos, a "direção esportiva" foi sendo substituída a duras penas pela "direção econômica". Sem contar o martírio dos motoristas por causa da portaria que limitava a velocidade máxima nas estradas a 80 km/h.

O Passat havia sido projetado em outra época, primeiramente na Alemanha, dotada de boas estradas, nas quais o motorista pode atingir a velocidades que desejar, e no Brasil de então, onde havia limite mas se andava bem rápido por falta de fiscalização. O motor do Passat tinha potência em rotações mais altas; sua faixa de melhor utilização começava por volta de 3.000 rpm, uma rotação na qual o carro em quarta marcha já estava beirando os 90 km/h, portanto suscetível a multa. Nesse quesito, o Corcel levava vantagem, pois tinha boa potência em rotações mais baixas.

Com isso, a Volkswagen se viu obrigada a fazer várias mudanças no motor do Passat, nascendo, assim, um sucessor que era identificado pela sigla MD-270, popularmente chamado de "motor torque". Ele teve a curva de torque alterada; acima de aproximadamente 3.350 rpm o motor perdia potência em relação ao antigo, e abaixo disso tinha bastante potência, mais adequada à nova realidade. Para ter uma ideia da diferença, a rotação de potência máxima baixou de 5.600 para 5.200 rpm. Essa mudança deu trabalho à engenharia da fábrica, mas obteve bons resultados mediante algumas mudanças, por exemplo, comando de válvulas redesenhado, introdução da eficiente ignição eletrônica e um coletor de escapamento duplo, que diminuía a contrapressão dos gases.

Em 1983, o governo já adotava uma lei que obrigava a adição de 12% de álcool à gasolina, ação com a qual esta ganhava octanagem, permitindo a elevação da taxa de compressão de 7,5:1 para 8,3:1 O movimento de aumentar a taxa de compressão incluiu o próprio motor a álcool,

*Novo motor MD-270, conhecido como motor torque.*

# A evolução dos modelos

que de 10,5:1 subiu para 12:1, graças à utilização de novos pistões redesenhados, melhorando sua eficiência.

No dia a dia, o motorista sentia uma resposta mais rápida do Passat às acelerações sem a mudança de marcha, mas o caráter do carro era menos esportivo, já que não havia mais necessidade de manter o motor em alta rotação para um bom rendimento.

Outra mudança importante foi a criação de um câmbio com marchas mais longas (exceto a primeira), mas apenas como opcional. Claro que isso comprometia um pouco o desempenho, mas melhorava o consumo, principalmente em estrada – com certeza, uma boa vantagem para os elevados preços dos combustíveis na época. Esse câmbio recebeu o nome de Fórmula E ("E" de economia), também conhecido por "câmbio longo". Portanto, no ato da compra o consumidor podia escolher entre o câmbio tradicional e o longo, que era popularmente chamado de 3 + E (porque na prática era um câmbio de três marchas com a quarta servindo como marcha de economia apenas), e vinha com uma pequena plaqueta fixada na parte inferior do painel com os dizeres "câmbio longo".

Era necessário orientar o motorista no ato da compra sobre as vantagens e desvantagens de cada câmbio, já que, se a escolha fosse pelo 3 + E, mais econômico, era preciso atentar para questões como pouca força em quarta e a terceira mais

fraca que a do câmbio normal, devendo-se usar mais a segunda. Na verdade, o ideal seria um novo câmbio de cinco marchas, mas o Passat ainda não o possuía nem como opcional, diferentemente de seus concorrentes diretos – Corcel II, Del Rey, Opala e Monza –, que o traziam como item de série.

Ainda na parte mecânica, duas outras mudanças. O tanque de combustível aumentou de 45 para 60 litros, melhorando a autonomia – algo muito importante naquele tempo, tanto pelo fechamento dos postos à noite nos dias úteis e também aos fins de semana, quanto pelo maior con-

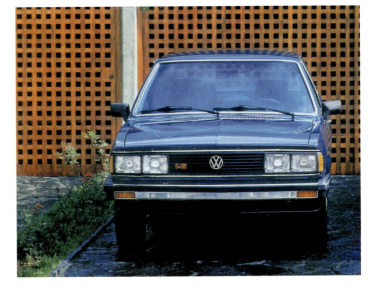

Novidades do Passat para 1983: frente com quatro faróis e novos para-choques.

À esquerda: painel redesenhado. À direita: rodas de liga leve opcionais.

sumo de combustível quando abastecido com álcool – e exigindo uma elevação da suspensão traseira em 30 mm por causa do maior peso atrás. Assim, o comportamento nas curvas era ligeiramente prejudicado, mas não chegava a comprometer a segurança, pois a estabilidade do Passat sempre foi um de seus pontos altos. Com essas modificações mecânicas, a velocidade máxima não mudava muito em relação aos modelos anteriores, atingindo 155 km/h com câmbio normal e 153 km/h com o 3 + E.

Externamente, o Passat receberia sua segunda reestilização na dianteira, dessa vez ganhando quatro faróis retangulares com lâmpadas halógenas, um defletor mais acentuado, nova grade e novos pára--choques com piscas embutidos – como nos primeiros modelos – e novo espelho retrovisor externo. O resultado foi um estilo mais moderno e elogiado pela imprensa da época. Já a lateral ganhou frisos largos de borracha. Outro opcional muito apreciado foram as rodas de liga leve, iguais às da série especial do Gol Copa de 1982, o que dava um belo visual ao carro.

Internamente, o painel de instrumentos recebeu uma faixa central de alumínio escovado, o volante foi redesenhado e os instrumentos ganharam nova grafia, agora com iluminação na cor verde. Os bancos e as laterais ganharam novas forrações.

No painel, o rádio deu lugar a uma saída de ar central, melhorando o sistema de ventilação interna, e agora vinha no novo console central, como nos antigos Passats quando equipados com ar-condicionado.

O Passat poderia ser escolhido nas seguintes versões: LS, GLS, LSE e GTS. Este último, substituto da antiga TS, perdeu pra-

## A evolução dos modelos

ticamente todo o apelo esportivo, já que, por seu motor ser o mesmo 1600 de toda a linha, apresentava o mesmo desempenho. Além disso, por fora também era idêntico aos outros Passats, exceto pelo emblema GTS na lateral do para-lama dianteiro. Aliás, nesse ano o motor 1500 foi definitivamente aposentado no mercado brasileiro, destinando-se apenas à exportação, já que o nosso Voyage também ganhou o 1600.

Por dentro, o GTS vinha com o mesmo luxo do GLS. A única diferença estava nos três mostradores do console central. Itens de série apenas no esportivo, eram os tradicionais: voltímetro, que mostrava a tensão de carga do alternador, vacuômetro, que ajudava o motorista a dirigir de um modo mais econômico, e relógio. O banco traseiro vinha com encosto bipartido, igual ao LSE, o mais luxuoso da linha.

Houve críticas na imprensa à Volkswagen por manter na linha dois produtos praticamente idênticos (GLS e GTS) que poderiam ser unificados numa versão mais esportiva. Isso seria possível com modificações mecânicas relativamente simples, como alterações no carburador, no diagrama do comando de válvulas e na curva do avanço do distribuidor, que, com isso, produziria alguns preciosos cavalos de força a mais, diferenciando-se dos demais Passat. Certamente haveria compradores dispostos a pagar mais por ele, apesar da crise do petróleo. Outra mudança poderia ocorrer na calibração da suspensão, deixando-a mais dura e de acordo com a proposta esportiva.

Com a chegada do Santana cada vez mais próxima, havia boatos no mercado, inclusive nas próprias concessionárias, de que o Passat deixaria de ser fabricado, sendo substituído por este novo carro. Os mais "otimistas" pensavam que só o LSE sairia de linha, dando lugar ao Santana. Naturalmente esses boatos assustavam o consumidor, receoso em comprar um carro novo que meses depois estaria fora de linha. A Volkswagen tentava acalmar o mercado garantindo que o Passat seria vendido por mais alguns anos, já que o Santana estaria numa categoria superior e mais luxuosa, concorrendo diretamente com o Opala Diplomata e o Ford Del Rey. Além disso, a fábrica precisava cumprir compromissos com exportações, principalmente com o

Mesmo com todo luxo e sofisticação, muitos achavam que o Passat LSE sairia de linha com a chegada do Santana, o que não ocorreu.

*Clássicos do Brasil*

Passat GLS, praticamente idêntico ao Passat GTS.

governo do Iraque, por um contrato assinado no início do ano, e teria que manter o fornecimento de 50.000 Passat até o fim de 1986. Outros mercados eram compradores do Passat, entre eles, países da América do Sul – em especial a Argentina –, a Nigéria, a África do Sul, as Filipinas, o Kuait e até Estados Unidos e Alemanha.

Mas a desconfiança do comprador continuava alimentada pelo próprio histórico da Volkswagen, que costumava tirar carros de linha sem aviso prévio, surpreendendo a todos. Alguns exemplos são o DKW-Vemag Belcar e Vemaguet, o SP2, o Brasília, o Polara, Dodge Dart, a Variant/Variant II etc.

As vendas do Passat voltaram a cair; nesse ano, 36.550 carros encontraram novos donos e, seguindo a tendência de mercado, a maioria era equipada com motor a álcool. O Corcel também não ia muito bem, vendendo 25.634 unidades. Em contrapartida, o Del Rey vendeu bem, 39.640; e o Chevrolet Monza, mais ainda, incríveis 51.023 unidades, venda estimulada pelo motor 1,8 e pelo lançamento da versão três-volumes de quatro portas.

Passat exportado para vários países.

A evolução dos modelos                                                                                                87

## 1984 – NOVA FASE E O SANTANA

Linha Passat 1984, com nova nomenclatura.

Nesse ano, a linha Passat foi toda renomeada. O nome Passat se manteve, mas o "sobrenome" mudou para Special, Village, Pointer e Paddock. Todos tinham o mesmo e conhecido motor de 1,6 litro e traziam como maior novidade o novo sistema de partida a frio instantâneo na versão a álcool – com injeção automática de gasolina no carburador, que facilitava a vida do motorista na hora de ligar o carro. O botão de injeção manual no painel foi mantido, só que dessa vez podia ser injetado mesmo com o motor de arranque desligado, que ajudava a injeção automática em dias muito frios (abaixo de 14 ºC). Acima disso, um sensor interrompia o circuito elétrico e o injetor deixava de funcionar.

Houve ainda outras pequenas mudanças em toda a linha, como a opção de revestimentos internos na cor cinza, a eliminação do friso cromado em torno do painel e a colocação de um friso de borracha na parte inferior da tampa do porta-malas. Ainda na traseira, abaixo do logotipo "Passat LS", era aplicado o nome que denunciava a versão do carro.

O Passat Special era o carro de entrada, mais simples, como os antigos L ou Surf. Externamente se diferenciava dos outros pelos para-choques pintados de preto com protetor de borracha, rodas sem calotas, molduras dos faróis na cor preta, ausência de frisos na lateral, além do espelho retrovisor externo próprio, o mesmo usado entre 1979 e 1982. A única carroceria disponível era a de duas portas. Apesar de ser o mais barato da linha, era bem cuidado internamente, trazendo bancos de tecido preto, os dianteiros reclináveis, e assoalho acarpetado. O comprador podia escolher vários itens opcionais no ato da compra e deixar o carro mais luxuoso.

Por sua vez, o Passat Village substituía o GLS e era mais caro que o Special. Externamente, vinha com para-choques e molduras dos faróis cromados, frisos de borracha na lateral e rodas com calotas. Internamente, o mesmo luxo do Special, só que com maior quantidade de acessórios de série, como bancos dianteiros reclináveis com regulagem milimétrica, espelho retrovisor externo com comando interno, vidro traseiro com desembaçador, porta-objetos nas portas, lavador elétrico do para-brisa e temporizador e buzina dupla. Como opcionais, havia o rádio AM/FM com toca-fitas e ar-condicionado, entre outros.

Já o Pointer vinha substituir o GTS – antigo TS – e era praticamente idêntico ao Village, exceto pelas rodas de liga leve, vidros esverdeados e para-brisa com faixa degradê. As diferenças maiores eram internas, pois o Pointer vinha com os exclusivos e cobiçados bancos Recaro com regulagem de altura e revestidos com tecido, e com os detalhes do interior em acabamento Status Plus, além dos já conhecidos conta-giros no painel e console central com instrumentos integrados. Havia dois opcionais disponíveis: um era novidade, o teto-solar da Karmann-Ghia, muito apreciado na década de 1980, e o outro era o ar-condicionado. O comprador tinha de escolher somente um desses opcionais. O Pointer só era oferecido na versão de duas portas.

Natural substituto do LSE, o Passat Paddock destacava-se como o mais luxuoso da linha e era oferecido somente na versão de quatro portas. Os itens de luxo eram os já tradicionais bancos com apoio de cabeça também para os bancos de trás, luzes de leitura e console central com os instrumentos; já o ar-condicionado e rádio com toca-fitas continuavam

Passat Special, o carro de entrada da linha.

## A evolução dos modelos

como opcionais. Os bancos eram revestidos em nobre tecido navalhado.

O Pointer era equipado pela Recaro, uma importante fábrica alemã que fazia bancos esportivos de ótima qualidade, representada no Brasil pela Bantec. Esses bancos já estavam disponíveis no mercado desde 1980 e eram vendidos nas lojas especializadas como acessório, podendo substituir os bancos originais em qualquer tipo de carro. Naquela época, ter um carro original era considerado cafona e não fazia muito sucesso com as garotas. Assim, era comum que proprietários, principalmente os mais jovens, equipassem seu carro com vários acessórios disponíveis no mercado – além de chamar a atenção, ter um carro bem equipado garantia um maior valor de revenda. Entre as mudanças muito apreciadas, estavam colocar rodas esportivas de tala mais larga, conhecidas como "rodas de magnésio", equipar o carro com toca-fitas com uma enorme quantidade de alto-falantes e trocar o volante original por um esportivo de menor diâmetro. Uma das transformações mais desejadas e caras era trocar os bancos pelo Recaro, item que conferia prestígio ao proprietário.

Para comemorar essa nova fase do Passat e consequentemente atrair mais compradores, a Volkswagen decidiu fazer uma série limitada do carro chamada de Passat Sport – Série Personalizada. Tratava-se do Passat Special – que trazia para-choques e molduras dos faróis pretos – somado a vários acessórios, como vidros esverdeados, frisos laterais largos com filete vermelho e teto solar. As cores da carroceria eram cinza-prata ou preto.

Na parte interna, uma mistura de todas as versões, já que trazia conta-giros, espelho retrovisor externo com regulagem interna, volante esportivo e bancos Recaro com encosto reclinável em tecido navalhado. O preço era promocional, menor do que se comprassem um Passat Special e colocassem os mesmos acessórios.

O cobiçado interior do Pointer, com bancos Recaro.

Santana, o carro mundial da Volkswagen.

Em 1984, ocorreu um dos mais esperados lançamentos do Brasil até então: o Santana, o primeiro carro grande da história da Volkswagen no Brasil. Esse novo carro entrava para concorrer no mercado de luxo com o Del Rey, o Diplomata e o Monza SL/E.

Nesse período, chegava ao Brasil o conceito de "carro mundial", isto é, veículos produzidos em filiais de diversos países, com componentes fornecidos por diferentes fábricas. A Volkswagen escolheu o Santana como seu representante mundial, a General Motors estava se dando bem com o Chevrolet Monza, a Ford lançou a linha Escort e a Fiat apostou suas fichas no Uno.

O Santana já existia na Alemanha desde 1981 e, como já foi dito, era a versão três-volumes do Passat de segunda geração. Por lá as vendas estavam bem abaixo do esperado, principalmente pela concorrência com os Audis (80, 100 e 200), que disputavam a mesma faixa de mercado. Mas no Brasil o carro tinha todas as credenciais para ser um sucesso, já que se destinava aos consumidores de maior poder aquisitivo, que não estavam muito preocupados com a já cansativa crise econômica. Então, apenas no Brasil, duas gerações do Passat conviveram por algum tempo, a segunda com o nome Santana, nas versões de duas e quatro portas, oferecidas em três versões de acabamento: CS (Comfort Silver), mais simples; CG (Comfort Gold), intermediária; e CD (Comfort Diamond), mais requintada.

Apesar de até então ser o mais luxuoso da linha, o Passat Paddock não tinha alguns recursos já muito desejados pelo comprador, entre eles, câmbio de cinco marchas, direção com assistência hidráulica, vidros e travas elétricas. Além disso, o Santana vinha equipado com o desejado motor 1,8-litro de 90 cv, que lhe rendia um bom desempenho, velocidade máxima de 161 km/h e aceleração de 0 a 100 km/h em 13,6 s.

Aliás, esse mesmo motor foi aproveitado em outros carros da fábrica, primeiramente na recém-criada versão esportiva, o Gol GT, só que numa versão mais "apimentada", com comando de válvulas do Golf GTI alemão, cuja potência subia para 99 cv, tornando-se o carro mais veloz do Brasil. Acelerava de 0 a 100 km/h em apenas 9,7 s e atingia a velocidade máxima de 180 km/h. O Gol GT virou sonho de consumo, principalmente entre os mais jovens.

Finalmente, em 1984, o GTS foi equipado com o cobiçado motor 1,8.

## A evolução dos modelos

O próximo a receber o cobiçado motor foi o Passat Pointer, só que era igual ao do Santana de 90 cv. O carro foi rebatizado de Passat GTS 1.8 Pointer, agora sim uma versão esportiva diferenciada dos outros Passats que continuavam com o motor 1600. O GTS ganhou a potência necessária para melhorar de forma significativa seu desempenho, logicamente mais modesto que o do Gol GT – que era mais leve e tinha motor mais potente –, mas ainda assim muito bom. Demorava 13,3 s para atingir 100 km/h e chegava a uma velocidade máxima em torno de 165 km/h.

Ainda no ano de 1984 foi lançada mais uma série especial. O Passat Plus, oferecido nas cores azul Copa ou cinza-prata, era equipado com o motor 1,8 igual ao do Santana e possuía para-choques na cor do veículo. As molduras dos faróis, o spoiler dianteiro e os frisos dos vidros vinham na cor preta, e na lateral havia um largo friso de borracha e um filete vermelho na linha das janelas. As calotas eram iguais às do Santana CS, e o logotipo "1.8" vinha na grade e na traseira. No interior, o revestimento dos bancos e das laterais era na cor azul, e o acabamento era igual ao do Vilage. Havia ainda a opção de ser equipado com o teto solar do Karmann-Ghia.

O Passat Plus foi uma série limitada e exclusiva, equipado com motor 1,8.

Segundo relatos, a produção do Passat se manteve graças às exportações.

A chegada do Santana no mercado deixou os consumidores do Passat ainda mais desconfiados, já que os boatos do fim da produção se intensificavam, mas a Volkswagen sempre negava o fato e prometia novidades para 1985 e uma reestilização completa para 1986.

As mudanças no Passat não surtiram efeito, e as vendas foram lamentáveis – durante o ano, apenas 17.475 carros foram vendidos. O Corcel, que estava entrando em seu último ano de produção, vendeu somente 10.928 unidades; já o Del Rey continuava bem, mas também perdendo fôlego, com 28.114 unidades. Em contrapartida, ocorria um fato inédito no Brasil – pela primeira (e última) vez na história, um carro não popular foi o campeão de vendas. Tal proeza foi alcançada pelo Monza, que em 1984 vendeu 70.577 carros; antes dele, os campeões de vendas sempre haviam sido os carros mais baratos, como Fusca, Brasília e Chevette.

## 1985 – PEQUENA REESTILIZAÇÃO

O ano começou ruim para o Passat, aliás, muitos achavam que ele já havia saído de linha. Mesmo dentro da Volkswagen o carro estava meio esquecido; afinal, os outros produtos iam muito bem e recebiam toda a atenção da fábrica. O Gol havia vendido 55.143 unidades no ano anterior e acabava de ganhar uma versão com motor do Passat, o famoso 1,6 refrigerado a água. O Voyage continuava líder de seu segmento, com 44.929 carros vendidos em 1984. E no mesmo período o Santana vendeu 18.943 unidades, nada mau para um carro de luxo e destinado ao consumidor de maior poder aquisitivo. Em 1985, ganhou um importante opcional na versão CD: poderia ser equipado com câmbio automático de três marchas,

# A evolução dos modelos

tornando-se o primeiro Volkswagen automático do Brasil.

Outra nova versão do Santana foi a já aguardada station, ou perua, chamada de Quantum e concorrente direta do Opala Caravan.

A produção do Passat continuava, porém mais para cumprir o acordo com o governo do Iraque. Só para ser ter uma ideia do que representavam as exportações para o Oriente Médio, em 1983 foram enviadas 33.000 unidades e, em 1984, mais de 46.000. Com isso, a produção do carro continuava firme apesar da baixa procura no Brasil.

No final do primeiro semestre, a Volkswagen apresentou novidades na linha Passat, a fim de estimular a venda interna. O carro ganhou novos para-choques envolventes feitos de plástico ABS injetado, mais de acordo com a modernidade da época. Esse tipo de para-choque seria introduzido nos outros carros da empresa somente em 1987. As lanternas traseiras eram novas e frisadas, do mesmo tamanho das antigas, só que com filetes pretos horizontais.

As maiores novidades foram na parte interna. O painel era novo, com instrumentos herdados do Santana e dois mostradores grandes: à esquerda, o velocímetro com hodômetro total e parcial; à direita, o conta-giros, finalmente num tamanho maior (na versão Pointer; nas outras era do diâmetro do relógio); entre eles, dois pequenos instrumentos: acima, o da temperatura do motor, e abaixo, o marcador do nível do tanque de combustível, além de várias luzes-espia. No console central, dois mostradores tinham o formato quadrado, com o voltímetro e o termômetro de óleo, este último atendendo a uma reivindicação antiga dos proprietários. Esse console era equipamento de série apenas no GTS Pointer. O Village vinha com o console antigo, e tanto ele quanto o Pointer traziam descanso de braço dividindo o banco traseiro, que continuava escamoteável para acomodar um terceiro passageiro atrás. O volante também era novo, e de maior diâmetro, com o intuito de facilitar a visualização dos instrumentos, mas causava estranheza pelo tamanho, pois parecia mais um volante de caminhão. Apenas o GTS Pointer vinha com volante menor, que ficou conhecido como "quatro bolas" por ter quatro botões de buzina circulares.

Novo painel do Passat, mais moderno; na foto, o modelo Pointer.

Detalhes do interior do GTS Pointer.

Na parte mecânica, a novidade foi finalmente um novo câmbio, agora com cinco marchas, que aproveitava melhor a potência do motor e melhorava ligeiramente o consumo de combustível. O único da linha que continuava com o antigo câmbio de quatro marchas era o Passat Special.

Aliás, a linha Passat teve uma padronização, já que não eram mais fabricadas as carrocerias de três e quatro portas, e as versões eram apenas três: o GTS Pointer, esportivo com motor 1,8; o Village, luxuoso com motor 1,6; e o Passat Special, carro de entrada com motor 1,6, todos de duas portas. Essa diminuição de opções da linha Passat se deu pelo aumento da família Gol, que ocupava um maior espaço nas linhas de montagem da fábrica. A carroceria de quatro portas continuava a ser fabricada, mas apenas para a exportação, tendo o governo do Iraque como principal comprador.

Nesse ano, o Pointer ganhou um novo concorrente de peso, a versão esportiva do Monza, chamada de Monza S/R, de carroceria hatchback, com forte motor 1,8 de 106 cv e câmbio com escalonamento esportivo. Com isso, a Volkswagen instalava no carro o motor AP 800-S de bielas mais longas, que já havia sido aplicado um ano antes no Gol GT e no Santana.

Assim, o Pointer ficou padronizado com o Gol em termos de válvulas e carburação, com potência elevada para 99 cv,

Passat Pointer, agora com motor mais potente, de 99 cv.

# A evolução dos modelos

cujo desempenho era bem melhor, alcançando a velocidade máxima de 175 km/h e demorando apenas 11 s para atingir os 100 km/h.

Em seguida, o motor 1:6 era reformulado, passando a dividir o bloco com o 1:8, mesmo diâmetro dos cilindros, mas com curso dos pistões de 77,4 mm em vez dos de 86,4 mm do 1,8. A cilindrada agora era 1.595 cm³ e as bielas eram longas, de 144 mm, resultando num motor de funcionamento dos mais suaves, cuja potência subiu para 85 cv. Em vez do MD-270, agora era o AP-600. Além do Passat, esse novo motor passou a equipar outros carros, como Voyage e Gol. Com ele, os Passat Village e Special ganharam em desempenho, podendo atingir a velocidade máxima de até 164 km/h.

As vendas no ano de 1985 não reagiram, apresentando forte queda – apenas 10.620 carros novos foram vendidos. A título de comparação, 32.515 unidades do Santana foram comercializadas no mesmo período, mesmo sendo um carro bem mais caro. O Monza continuava esmagando a concorrência, com 75.240 unidades, enquanto o Del Rey havia vendido 34.252 veículos.

## 1986 – PASSAT IRAQUE

Na mitologia grega, há uma lenda sobre a fênix, ave com porte de águia que ao morrer entrou em autocombustão e, passado algum tempo, renasceu das próprias cinzas – quase como o Passat, que começou o ano de 1986 quase morto, mas ainda revelaria suas potencialidades. Ainda muito querido pelo consumidor, o Passat era um ótimo carro, o que foi muito bem explicado numa frase da revista *Quatro Rodas*, na edição de janeiro de 1986: "O Passat é um carro que atingiu a maioridade e já resolveu todos os seus problemas". Era uma opção relativamente barata de um carro de luxo, mas não contava com alguns recursos já disponíveis nos carros mais modernos, tais como direção assistida hidráulica, vidros e travas elétricas. Só que, apesar disso, o comprador não mais o procurava nas concessionárias.

Como nos outros anos, havia também boatos de que o Passat seria totalmente reformulado, ficando idêntico ao alemão de segunda geração, o que nunca chegou a ocorrer. Mas, por uma feliz coincidência, ainda no primeiro semestre do ano houve uma inesperada reviravolta no mercado. Não é que, como a fênix, o Passat ressurgiu das cinzas?

A Volkswagen havia feito, desde 1983, um contrato triangular com o governo do Iraque e com o envolvimento da Petrobrás. O acordo determinava que o Iraque usasse petróleo como pagamento por carros à estatal brasileira, que, por sua vez, repassava o dinheiro à Volkswagen, num negócio que beneficiava a todos. A Petrobrás obtinha a preciosa matéria-prima – então em falta no mercado nacional – para fabricação de diesel e gasolina. O Iraque obtinha um bom carro, resistente e durável, a um preço relativamente baixo, apesar de desatualizado em relação ao alemão. Por fim, a Volkswagen mantinha a produção do Passat ainda com uma boa margem de lucro.

No entanto, nesse ano as reservas de petróleo no Brasil eram maiores, já que houve crescimento da produção interna e diminuição de consumo com o crescente aumento da frota de carros movidos a álcool. Isso, somado a variações no câmbio internacional, reduziu radicalmente o negócio com o Iraque.

O carro então exportado era o modelo LSE de quatro portas, equipado com o anti-

O Passat Iraque, destinado à exportação, foi um inesperado sucesso de vendas no Brasil.

## A evolução dos modelos

Interior do Passat Iraque.

go motor 1,6, o MD 270, de bielas menores e curso dos pistões maior (80 mm) e que não era mais usado nos Passats brasileiros. Tinha, ainda, pneus radiais de cinta têxtil, só que com excelente acabamento interno, e painel semelhante ao do nosso GTS Pointer.

Para enfrentar a grande variação de temperatura do deserto (noites frias e dias muito quentes), o carro vinha equipado com radiador de cobre, que facilitava a troca de calor, e potente ar-condicionado de série, além de vidros esverdeados e materiais isolantes térmicos de melhor qualidade sob os revestimentos, o que tornava o carro muito silencioso. O motorista percebia diferença também no câmbio, que neste caso era de quatro marchas, mais robusto e durável para aguentar as condições climáticas e os motoristas inexperientes, simplificando o envio de peças para o Iraque.

Contava-se a história de um cidadão iraquiano, proprietário de um Passat brasileiro – chamado de "Brasili" lá –, que foi reclamar na concessionária alegando que o carro não chegara nem a 100 km/h numa viagem que fizera. Depois de examinado, constatou-se que não havia nenhum problema com o carro, mas, como ainda não estava satisfeito, o dono começou a dirigir para mostrar o "defeito". Então, a explicação: ele desconhecia a mudança de marcha e, assim, usava apenas a primeira! Sem dúvida, só um carro testado e aprovado para aguentar uma prova dessas!

Com o final do acordo, o que fazer com o excedente de Passat Iraque em estoque na fábrica? Como medida emergencial, o carro foi oferecido no mercado interno, um ineditismo no Brasil, já que um carro feito especificamente para exportação nunca havia sido vendido por aqui. No início houve certa resistência das concessionárias, que temiam ocupar espaço nas lojas com um carro que prometia ser um grande "mico" e que poderia prejudicar as vendas dos carros de maior sucesso, como Gol e Santana.

O Passat Iraque, como ficou conhecido, era oferecido em dois tons de vermelho – sólido e o metálico Phoenix –, prata, branco e azul. O interior era monocromático, com bancos, carpete e laterais em vermelho; apenas na versão de carroceria azul o interior vinha em tons de cinza. Por exigência do mercado iraquiano, o carro era equipado com quatro ganchos de reboque.

Em fevereiro de 1986, foi lançado pelo governo brasileiro, cujo presidente

O Passat Iraque vinha com ar-condicionado, além de outros detalhes exclusivos.

*Clássicos do Brasil*

comprar uma geladeira ou um televisor era extremamente difícil, pois muitos produtos simplesmente sumiram do mercado!

No mercado automobilístico também houve certa escassez de oferta. Comprar um carro no preço de tabela era raro, muitas vezes as concessionárias só ofereciam o produto com o incômodo ágio, isto é, o preço de tabela mais algum dinheiro por fora.

Esse cenário contribuiu para as vendas do Passat Iraque, que foi bem-aceito pelo consumidor, uma resposta evidenciada pelas filas nas concessionárias e pelo seu rápido esgotamento nas lojas. Era uma opção interessante, pois se tratava de um automóvel completo a um preço convidativo. A situação se inverteu e houve até pedidos das concessionárias para que a produção continuasse normalmente pelos meses seguintes.

era José Sarney, o Plano Cruzado, criado pelo então ministro da Fazenda Dílson Funaro. Esse novo pacote econômico tinha como meta o combate à hiperinflação que assombrava os brasileiros, e sua principal e mais polêmica medida foi o congelamento de preços a partir daquela data. A moeda brasileira tomou o nome emprestado e passou a se chamar cruzado.

O Plano Cruzado tinha alguns efeitos colaterais, entre os quais o pior foi o desabastecimento geral nas prateleiras dos supermercados. Como muitos produtos tiveram seus preços congelados abaixo do custo de produção, houve paralisação ou diminuição da produção. Nessa época,

O que seria apenas uma maneira de desovar o estoque acabou se transformando num grande sucesso. Por incrível que pareça, o Passat foi o terceiro carro mais vendido naquele ano no Brasil, com 46.136 carros comercializados, abaixo apenas do Gol (67.965) e do Monza (81.884). Uma reviravolta que ficou registrada na história da Volkswagen.

## 1987 – PASSAT FLASH

Este ano ficou marcado pelo início das atividades da Autolatina, um acordo entre a Volkswagen e a Ford, formando uma gigante em nosso mercado e no argentino.

# A evolução dos modelos

A integração das fábricas e operações das duas empresas objetivava compartilhar os custos e potencializar os pontos fortes de cada uma, caso semelhante ao da AutoEuropa, em Portugal. No começo de julho, a campanha deste empreendimento conjunto – uma *joint-venture* – foi anunciada inicialmente pela comunicação interna das empresas, depois com placas nos edifícios-sedes e, finalmente, em notícias nos jornais, emissoras de rádio e de televisão.

Apesar de todo o processo ser cumprido em 1987, apenas em 1990 as fabricantes iniciariam o funcionamento da empresa-holding, que tinha 51% de suas ações controladas pela Volkswagen e 49% pela Ford.

A Autolatina não era uma fusão entre as duas fábricas, e sim um acordo operacional que beneficiava a ambas. Nesse acordo, tanto as concessionárias Volkswagen como as Ford continuavam vendendo os próprios produtos.

A estratégia de união estava relacionada às condições da indústria automobilística brasileira na segunda metade da década de 1980, com retração de mercado interno e tímida participação das fabricantes brasileiras no mercado internacional. A estratégia buscava também garantir a permanência das duas empresas no mercado interno, aumentando suas taxas de lucro – tanto a Ford quanto a Volkswagen vinham de uma retração nas vendas e de perda de espaço no mercado no início dos anos 1980.

No caso da Ford, parecia mesmo ser a saída para a sua permanência no país. Antes da fusão, a Volkswagen controlava 34% do mercado brasileiro, já a Ford

À esquerda: versão especial, o Passat Flash foi uma tentativa da Volkswagen para melhorar as vendas. À direita: detalhe do banco dianteiro com a inscrição "Flash" bordada.

mantinha uma fatia de 21%. Após a união, passaram a controlar, juntas, 60%.

Em teoria, a solução parecia uma saída ideal para as duas fabricantes num mundo cada vez mais globalizado. Porém, o estabelecimento concreto da Autolatina enfrentou sérias dificuldades internas e externas em seus sete anos de existência. O primeiro e grande problema a ser enfrentado foi a falta de investimento das matrizes. Depois, dada a concorrência entre a Ford e a Volkswagen em âmbito mundial, havia dificuldade para trocar conhecimento técnico, debilitando as colaborações locais. Outro problema era a constante tensão entre a Autolatina e os sucessivos governos brasileiros com os quais, por motivos diferentes, se desentendeu, ora por causa do congelamento de preços, ora por conta da supervalorização da moeda.

A ausência de interrelação entre processo, produto e mercado, por sua vez, representava um obstáculo para as concessionárias, pois as vendas eram feitas separadamente pelas fabricantes, que, apesar da *joint-venture*, ainda disputavam o lançamento de carros novos no mercado, cada uma com sua marca de origem. As negociações com o Sindicato dos Metalúrgicos de São Bernardo do Campo levaram a paralisações nas fábricas de ambas as empresas.

Quanto ao Passat, nenhuma novidade foi apresentada em 1987 e, com o término dos estoques do Passat Iraque no ano anterior, algumas poucas unidades foram vendidas como modelo do ano. As vendas voltaram a um patamar baixo – de janeiro a dezembro de 1987, apenas 9.607 carros foram comercializados. Em contrapartida, o Monza continuava com boas vendas, com 53.460 unidades, enquanto o Del Rey marcava 21.762 unidades. A partir desses números, concluía-se que o fim do Passat era uma questão de (pouco) tempo.

Pela baixa procura, o Passat Special não era mais fabricado. O LS Village mudou o nome para GL Village e trouxe algumas mudanças internas, com novo botão de acionamento do ar quente e extinção do botão injetor de partida a frio. Já o GTS Pointer não sofreu mudanças.

Mais uma vez, a Volkswagen apelava para uma versão especial na tentativa de aquecer as vendas. Nesse ano foi a vez do Passat Flash, que podia ser escolhido nas cores branca, vermelha ou prata. O motor era o mesmo 1,8 do GTS Pointer. Por fora, as rodas vinham equipadas com as calotas do Santana CL, além de um logotipo "1.8" na grade, molduras dos faróis na cor preta e uma faixa lateral com dois filetes nas cores vermelha e preta, com a inscrição "flash" na porta do para-lama traseiro. Essa faixa fazia o contorno na tampa do porta-malas, que neste modelo não vinha com borrachão em sua parte inferior. Por dentro, contava com o mesmo padrão do GL Village, mas no painel

# A evolução dos modelos

vinha com o conta-giros do GTS Pointer. Os bancos eram revestidos por um tecido exclusivo, com a inscrição "flash" bordada no encosto dos bancos dianteiros.

Os melhores Passats já fabricados, os mais eficientes e duráveis, foram os da fase 1986-1988, em razão do desenvolvimento de peças, de materiais, de mecânica e acabamento, da fábrica e dos fornecedores. Infelizmente, apesar dessas vantagens, eram produtos já desatualizados perante a concorrência e o mercado.

## 1988 – O FIM

Na Alemanha, as vendas do Passat de segunda geração – no Brasil, o Santana – estavam muito abaixo do esperado. Havia duas saídas. Uma delas era apostar na crise e não fazer modificações no carro, forçando o consumidor europeu a comprar o carro – naquela época uma opção barata de carro de luxo. A outra saída seria acabar com o Passat, gastar bastante dinheiro e fazer um carro totalmente novo e consequentemente mais caro. A segunda alternativa foi a escolhida, dando origem à terceira geração do Passat, denominada B-3.

No Brasil, não havia qualquer possibilidade de essa nova geração desembarcar, já que o preço ao consumidor seria muito alto, fora da realidade nacional. Portanto, o nosso Santana continuaria o mesmo, sofrendo apenas alguns retoques, reestilizações e melhorias nos anos seguintes.

Enquanto isso, o velho Passat brasileiro, ainda da primeira geração, agonizava no mercado. Em várias concessionárias, as informações eram de que o carro estava em falta. Havia rumores de que a Volkswagen estava apenas produzindo as últimas unidades para o Iraque, para depois aposentá-lo de vez.

As poucas mudanças do ano, que se restringiam a ajustes e padronizações de peças de outros carros no Passat, foram: GL Village com nova padronagem de tecidos e opção de novas rodas de liga leve – a mesma que seria utilizada no Gol/Voyage GL no ano seguinte – e frisos dos vidros pintados em preto fosco. O GTS Pointer ganhou aplique vermelho nos para-choques, nova padronagem de tecidos nos bancos Recaro e novo volante, igual ao do Santana GLS do mesmo ano. Foi suprimido o econômetro no painel de instrumentos, e em seu lugar aplicou-se o logotipo da Volkswagen.

No Salão do Automóvel, em outubro, ocorreu um fato lamentável para o Passat com o único exemplar que foi levado à feira. O carro exposto estava equipado com três rodas de liga leve e uma de aço. Provavel-

Em seu último ano de produção, poucas novidades, como o filete vermelho nos para-choques. À direita: interior do Pointer com novo volante do Santana e nova padronagem dos bancos.

mente um dos pneus furou ou esvaziou e foi substituído pelo estepe, ficando desse jeito até o final do Salão, relegado a ser o "patinho feio" do evento. Uma maneira triste e pouco agradável de encerrar a sua carreira.

E foi assim que se passou seu último ano de vida. Um Passat 0-km numa concessionária aqui, outro ali, e muita falta de informação quanto ao seu futuro. Até que no dia 2 de dezembro o último carro foi fabricado, decretando de vez a morte do Passat.

No Brasil, foram quinze anos de sucesso de um veículo que rompeu paradigmas na Volkswagen, um carro querido e admirado pela maioria de seus quase 600.000 felizes proprietários. Fenômeno de vendas, estabeleceu-se como o quarto carro mais comercializado no Brasil até 1988, atrás apenas do Fusca, do Brasília e do Chevette.

Durante muito tempo, foi considerado pela imprensa e pelo público em geral um dos melhores automóveis produzidos no Brasil até então, destacando-se pelo bom desempenho e por ter sido o primeiro Volkswagen com motor refrigerado a água. No entanto, sucumbiu no mercado pela maior atenção dada pela fábrica à família Gol e ao Santana, o que gerou incertezas no consumidor. Os concorrentes Monza e Del Rey agradeciam e ficavam cada vez mais fortes em vendas, principalmente o representante da GM.

O encerramento da produção do Passat gerou muita indignação, mas seu legado continuou, e ainda hoje ele é um carro lembrado com carinho e está presente nas mais diversas coleções Brasil afora. No início dos anos 1990, o então presidente da República Fernando Collor de Mello, escolhido pelo povo numa eleição direta, mostrou-se bastante crítico em relação à indústria de automóveis no Brasil. Afirmou que nossos carros eram verdadeiras "carroças", já que os modelos eram desatualizados em comparação com as matrizes, muito por causa da reserva de mercado, isto é, da proibição de importações a fim de proteger a indústria nacional de automóveis, medida implantada em 1976.

Logo, em 1991, foram novamente abertas as importações de veículos no Brasil e alguns importadores independentes

## A evolução dos modelos

começaram a trazer versões da terceira geração do Passat para o país, inclusive a desejada VR6, equipada com o motor 6-cilindros em V a 15º.

A Volkswagen, de olho no mercado de veículos de luxo, praticamente separada da Ford com o desmantelamento da Autolatina e aproveitando-se da então reduzida alíquota do imposto de importação (32%), começou a planejar, em meados de 1994, a importação do Passat e da Variant para 1995, versões de 4 cilindros aspiradas ou turbo, ou mesmo a mais potente VR6. A operação ficou ainda mais atraente quando, de repente, em setembro de 1994, o ministro da Fazenda, Ciro Gomes, baixou a alíquota do imposto de importação para 20%. Mas a alegria durou pouco, como se diz, pois assim que Fernando Henrique Cardoso tomou posse, em janeiro de 1995, seu ministro da Fazenda Pedro Malan elevou a alíquota do imposto para 70%. Assim, as importações tiveram lugar, mas em pequeno número, somente para concorrer com outros importados de alto valor.

As importações só voltaram com força total em 1998, quando o Passat já estava na quarta geração na Europa (desde 1997) e a empresa decidiu investir em campanhas publicitárias para incentivar as vendas, com bons resultados.

Mas, hoje, Passat e Passat Variant são carros de luxo, com acabamento, preço e motorização similar aos dos seus irmãos da Audi, além de uma manutenção mais cara, necessitando de mão de obra especializada. Têm diversas motorizações, da econômica 1,4 TSI (turbo, injeção direta) de 122 cv até a 3,6 VR6 de 300 cv, além de três versões turbodiesel. Concorrem diretamente com marcas de tradição em luxo, requinte e esportividade, como Mercedes-Benz, Audi e BMW, apesar de ostentarem a marca de "carro do povo". São importados normalmente da Alemanha pela Volkswagen do Brasil em versão de motor 2.0 TSI de 211 cv.

A não ser o nome, mais nada pode ser comparado ao Passat brasileiro dos anos 1970 e 1980, que marcou uma geração e será sempre lembrado como veículo rápido, seguro, confiável e robusto. E que ainda viverá muito tempo nas lembranças e nas garagens de colecionadores apaixonados pelo modelo.

Passat 3ª geração, importado pela Volkswagen nos anos 1990.

CAPÍTULO 4

# DADOS TÉCNICOS

# FICHA TÉCNICA

Dados referentes ao modelo de 1974; as alterações realizadas nos modelos posteriores foram descritas no decorrer do livro.

## MOTOR

Tipo: quatro cilindros em linha, instalado na frente
Diâmetro dos cilindros: 76,5 mm
Curso dos pistões: 80,0 mm
Cilindrada total: 1.471 cm³
Taxa de compressão: 7,0:1
Válvulas: localizadas no cabeçote
Comando de válvulas: no cabeçote, com acionamento por correia dentada
Potência máxima: 78 cv SAE a 6.100 rpm
Torque máximo: 11,5 mkgf SAE a 3.600 rpm
Lubrificação: sob pressão, com bomba de engrenagens e filtro no circuito
Sistema de alimentação: por bomba de gasolina tipo mecânica, um carburador de aspiração descendente Solex H 35 PDSI
Arrefecimento: a água, com circulação forçada por meio de bomba d'água
Radiador: resfriado através de ventilador elétrico acionado por interruptor térmico
Sistema elétrico: bateria, 12 V e 36 Ah, distribuidor de ignição com avanço automático, vácuo e centrífugo
Ordem de ignição: 1-3-4-2, com velas de 14 mm

## EMBREAGEM

Tipo monodisco a seco e platô tipo membrana

## TRANSMISSÃO

Transeixo com câmbio manual de quatro marchas, par final hipoide e semiárvores com juntas homocinéticas; tração dianteira

# Dados técnicos

Relação das marchas: 1ª 1:3,45; 2ª 1:2,06; 3ª 1:1,37; 4ª 1:0,97; e ré 1:3,17
Redução do diferencial: 1:4,11

## SUSPENSÃO

Dianteira: independente, McPherson, braço inferior triangular, mola helicoidal, amortecedor hidráulico e barra estabilizadora; subchassi
Traseira: eixo de torção, braços longitudinais, barra Panhard na diagonal, mola helicoidal e amortecedor hidráulico

## DIREÇÃO

Caixa tipo pinhão e cremalheira, não assistida
Voltas do volante entre batentes: 3,94
Diâmetro mínimo de curva: 10,3 m
Geometria de raio de rolagem negativo

## RODAS

Aros: 4½ J x 13-H2
Pneus: 155 SR 13

## FREIOS

De serviço: hidráulico, nas quatro rodas, com circuito duplo em diagonal

Dianteiro: a disco
Traseiro: a tambor
De estacionamento: mecânico, com ação sobre as rodas traseiras

## CAPACIDADE DOS RESERVATÓRIOS

Gasolina: 45 litros
Óleo do motor: 3,0 litros (com filtro: 3,5 litros)
Transmissão: 1,5 litro
Caixa de direção: 250 cm$^3$
Fluido de freio: 260 cm$^3$
Radiador: 6,2 litros
Líquido do lavador do para-brisa: 1,8 litro

## DIMENSÕES

Distância entre eixos: 247 cm
Bitola dianteira: 134 cm
Bitola traseira 133,5 cm
Comprimento total: 418 cm
Largura: 160 cm
Altura: 135,5 cm
Vão livre do solo (com carga máxima): 13 cm
Peso em ordem de marcha: 860 kg
Capacidade do porta-malas: 362 litros

# FONTES DE CONSULTA

## LIVROS

LATINI, Sydney A. *A implantação da indústria automobilística no Brasil – Da substituição de importações ativa à globalização passiva*. São Paulo: Editora Alaúde, 2007.

ROBSON, Graham; Auto Editors of Consumer Guide. *Volkswagen Chronicle*. Publications International Ltd, 1996.

## REVISTAS

*Autoesporte*. São Paulo: FC Editora.
*Mecânica Popular*. São Paulo: FC Editora.
*Motor 3*. São Paulo: Editora Três.
*Quatro Rodas*. São Paulo: Editora Abril.

# CRÉDITO DAS IMAGENS

*Abreviações: a = acima; b = embaixo; c = no centro; d = à direita; e = à esquerda.*
Na falta de especificações, todas as fotos da página vieram da mesma fonte.

Páginas 4-5, 20-21, 22, 26b, 28, 29, 30, 33, 37b, 38a, 39b, 46-47, 48, 50, 52b, 53, 56, 58-59b, 64-65, 69, 70, 71a, 72a, 74a, 80, 96, 97, 102, 103, 104, 105: Rogério de Simone

Páginas 6, 7, 8, 9, 10, 11, 12, 13, 14, 15, 16, 17, 18-19, 23, 25, 26a, 31, 32, 35, 36, 38b, 39a, 42, 43, 44, 45, 49, 52a, 60, 67b, 72b, 75, 76a, 79a, 86, 92a, 106, 107, 108: Arquivo dos autores

Páginas 34, 76b: Revista *Quatro Rodas*
Páginas 37a, 40, 41, 51, 55, 57, 58a, 61a, 63, 68, 71b, 73, 74b, 78, 79b, 81, 82, 83, 84, 85, 87, 88, 89, 90, 92b, 93, 94: Propaganda de época
Página 54: Revista *Classic Show*
Páginas 61b, 62, 77, 91: André Grigorevski
Páginas 66, 67a: Ricardo Machado
Página 98: Paulo Affonso dos Reis Júnior
Página 99: José Carlos Luiz

# AGRADECIMENTOS

Por emprestarem seus carros, conservados com carinho, para fotografias especialmente para esta obra, os autores agradecem a Luiz Alberto Firelli dos Santos, Heitor Pomponi Nunes, José Carlos Luiz, João Bernardo Adamo, Fábio Henrique Ribeiro de Macedo, Reginaldo Antônio Rosa dos Santos, Alex Eduardo Cherubim Tesolin, Julio Carlos Pretti, Edison Viggiani Junior, Luís Fernando Sereguin Erbetta, Renato Gualda, Fernando Lopes, André Grigorevski, Willian Roberto Spera, Paulo Affonso dos Reis Junior, Vinicius Formigoni, Paulo Afonso Rodrigues e Eduardo Costa Bertholdo. Agradecemos também a Rubens Leite da Silva Junior, Marcelo Nadólski e Luiz Ricardo Lopes de Simone, que de alguma forma ajudaram neste livro.

Agradecimentos especiais a Heitor Pomponi Nunes e Luiz Alberto Fiorelli dos Santos, ambos do Clube do Passat, dois entusiastas e conservadores da marca que nos indicaram a maioria dos carros para a sessão de fotos, além de ajudar na verificação das informações técnicas contidas neste livro.

Por fim, agradecimentos eternos ao nosso querido Fabio Steinbruch, que sempre ofereceu seus carros para serem fotografados em praticamente todos os livros desta coleção e outros já publicados pela editora. Um dos mais importantes colecionadores de carros brasileiros de todos os tempos, um grande amigo e uma grande alma, ele nos deixou precocemente em dezembro de 2012. Adeus Fabio, que Deus tenha reservado um lugar todo especial no céu para você.

Conheça os outros títulos da série:

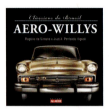

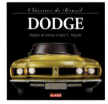

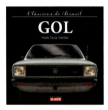
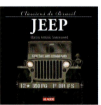
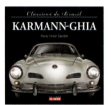
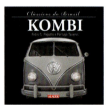
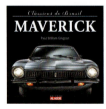